JN025811

地銀 構造不況からの脱出

「脱銀行」への道筋

岡三証券
グローバル・リサーチ・センター理事長
高田 創

きんざい

はじめに

ミネルバのフクロウは迫りくる黄昏に飛び立つ

「今、改めて銀行を作ったら全く別の姿になる」——。

20年以上前から付き合いのある大手銀行のトップの言葉が忘れられない。

確かに、かつては、店舗がなく営業マンもいないデジタルバンクのような銀行は全く想定されていなかった。銀行に代わって実質的にお金の送金が実現するような仕組みができるとは誰も思っていなかった。

大手銀行トップが吐露したこうした思いは多くの地域銀行経営者にも共通しているに違いない。しかし、そうした思いとは裏腹に、稠密な店舗ネットワークや多くの行員、そして顧客を抱えるなかでは、今さら「別の姿」になるのは難しいという現実もある。実際、現在の店舗ネットワークが不稼働資産になっていると認識しつつも、いざ店舗網を整理しようとすると、長年にわたって蓄積されたレガシーや公共性への配慮から二の足を踏んでしまう。そこには、地域銀行は店舗網を充実させることこそが地域への貢献であるといったような「ノルム」、誰もが当たり前だと信じて疑わない規範のようなものが強く働いているのではないか。その結果、変えられないのだから仕方がない、それは自分たちの宿命なのだと無理やり自らを納得させているのではないか。

地域銀行については、菅義偉首相が政権発足直後に「地方銀行の数が多すぎる」と問題提起したことを受け、急速に再編議論が高まった。地銀再編の議論と合わせ、「オーバーバンク論」がしばしば指摘される。また、その関連で地域の人口動態等をもとに「生き残る銀行」とそうでない銀行を振り分けるよう

な論稿や記事も多くみられる。

　しかし、オーバーバンクという概念はあいまいである。銀行の数が多すぎるのかどうかの基準や理論はなく、単に人口の多寡で銀行の適正な数が決まるほど話は単純ではない。本書ではマスコミによく登場するような、県別にみた地域銀行の適正な数や存続可能性といった議論は行っていない。

　筆者の問題意識は、地域銀行の数ではなく、そもそも、企業セクターがマクロでみた時に資金余剰部門になった段階で、預金と貸出に依存する伝統的な商業銀行のビジネスモデルは限界を迎えており、人口減少や低金利といった外部の経営環境の変化にかかわらず、どんな状況でもオーバーバンクなのではないかというものだ。つまり、地域銀行がビジネスモデルを変えない限りいくら合併が行われてもオーバーバンクが続くと思われる。本書の『地銀　構造不況からの脱出』というタイトルは以上の認識を踏まえたものである。

　世の中からみた銀行のイメージと実際の銀行の姿の間には大きなギャップがあるというのが、40年近く銀行グループの組織に在籍してきた筆者の実感である。国民の間には銀行に対する固定観念、変えられない「ノルム」がある。「一般企業の会社員ならともかく、銀行員では許されない」と糾弾されるのはしばしば目にする光景である。

　銀行に関する規制緩和の議論がなされる場合、経済の専門家とされる方々から、枕詞のように、「優越的地位の濫用」や「調達を預金で行うことによる競争上の優位性」といった懸念が示される。確かに企業が資金不足で旺盛な資金需要があり、資金に希少性があった時代には銀行はある意味で特権的な立場にあり、そうした懸念も生じ得ただろう。しかも当時、銀行は規制金利のもとで超過利潤も享受していたからなおさらである。では現実はどうか。今や銀行は預金を集めるだけでは全く儲からないし、世界的な超低金利環境のなかで、超

過利潤はおろか、どうやって収益を確保していくかにあえいでいる。

　こうした現実があるにもかかわらず、国民の銀行に対する固定観念、ノルムは変わっていないようにみえる。そしてそれが前述の経済の専門家の方々の銀行に対する厳しい目線となり、さらには銀行法を中心とする厳格な法体系や制度を形作っている。

　菅政権の誕生と同じタイミングで2020年9月から金融庁の金融審議会　銀行制度等ワーキンググループ（WG）における地域銀行改革の議論がスタートした。筆者もWGの委員の一人として議論に参画したが、12月に取りまとめられた報告書からもわかるように、金融庁は業務範囲規制の見直しなど規制緩和に向け、当初の予想を超えて大きく舵を切ったように思える。

　筆者は今から39年前に銀行に入行し、市場業務を通じて一貫して銀行経営のあり方を考えてきた。本書は銀行という組織についての筆者の実感、地域銀行を中心とした金融機関の方々との長年の議論、そして金融審議会などでの議論を踏まえ、「脱銀行」への道筋を改めてまとめたものである。

　筆者は長年、アナリスト業務に携わってきたが、銀行株をカバーする銀行アナリストではなく、本書も地域銀行の個別の再編シナリオをことさらに予想するものではない。それよりも、なぜ、今、地域銀行のことが議論されるようになったのか、その背景と本質的な意味について歴史的な側面を考察することに紙幅を割いた。

　地域銀行の再編議論は菅総理の発言で急に関心が高まったように見えるが、実は菅政権の誕生を待つことなく、改革が議論されるべきタイミングだったのではないだろうか。そこにコロナショックも加わり、地域銀行は2020年代半ばまでをターゲットとする集中改革期間に入ったように思う。これまで変えることができないと聖域扱いしてきたノルムも含め、長年、改革の必要性が指摘

されながらも旧態依然としていた地域銀行のビジネスモデルにも漸く変化の兆しが生じはじめており、「ミネルバのフクロウは迫りくる黄昏に飛び立つ」時期にきている。機は熟したと言える。

　本書の執筆に当たっては、40年近くにわたり常に接点を持たせていただいた地域銀行の方々との議論が筆者の問題意識につながっており、改めて御礼を申し上げたい。さまざまな局面で有益な示唆を頂戴した方々のお名前をここに挙げることは困難だが、なかには30年近く前にまだ調査役のお肩書だった方で地域銀行の経営者になられた方が何人かいらっしゃる。

　また、金融庁や日本銀行をはじめとする金融当局の方々や金融審議会の関係者の皆様との意見交換も本書のベースになっており、深く感謝したい。

　筆者はこれまでにも何度か著書を上梓する機会に恵まれたが、みずほ証券の柴崎健氏とは『銀行の戦略転換』の共著などを通じて、また、みずほ銀行の大木剛氏とは『2020年消える金融』の共著などに際して、それぞれ有益な議論をさせていただき、その成果が本書における地域銀行の考察につながっている。改めて御礼を申し上げたい。

　本書は、筆者が2020年1月にみずほ総合研究所から岡三証券に移り初めての著作になる。この1年、筆者に自由な研究活動の場を与えてくださり、常に励ましてくださった岡三証券グループ会長の加藤哲夫氏、社長の新芝宏之氏には深く感謝申し上げたい。同じく、副会長の新堂弘幸氏、岡三証券社長の江越誠氏にも御礼を申し上げたい。

　また、筆者の職場で直接、支援してくださった岡三証券常務執行役員の清原俊和氏、上席執行役員の小川修氏、グローバル金融調査部長の杉山賢也氏に感謝したい。グローバル金融調査部の嶋野徹氏、久保和貴氏からは多くの貴重なコメントをいただいた。

筆者が岡三証券グローバル・リサーチ・センターという新たな環境のなかで充実した調査業務を行えたのはシニアエコノミストである坂下尚人氏の献身的なサポートのおかげである。特に、本書の執筆においては幅広い分析も含めて事実上の共著者としての役割を果たしてくれた。また、筆者の秘書として業務全般を暖かく支えてくれた渡辺聡子氏にも感謝したい。

　また、長年支えてくれた母の高田澄子、妻の絵里、長男の裕、長女の麻里に感謝したい。

　本書は2020年9月の菅政権誕生の直前に、株式会社きんざいの小田徹専務から執筆のお話をいただいたことがきっかけとなった。小田専務とは「週刊金融財政事情」の記者、編集長をされていた20年以上前から金融市場や銀行経営のあり方について常に意見交換をさせていただいてきた。それだけに、本書は小田氏と筆者、二人の思いがこもった共同作業の側面をもつ。本書がこうして完成に至ったのは小田氏の長年の金融機関に関する知見から多くのアドバイスを頂戴したおかげであり、小田氏のサポート抜きに本書はできあがっていない。また、株式会社きんざい出版センターの三澤岳生氏も編集に当たって大いに助けてくださった。

　そもそも、なぜいま地域銀行の行く末が議論され、行政上の対応が行われるようになったのかが理解しにくいと考える読者も多いのではないだろうか。本書では地域銀行は今や構造不況であるものの必要以上に悲観的になる必要はなく、再編も含めた地域銀行のビジネスモデルの転換、「脱銀行」の方向性を考えてみた。本書が地域銀行にとどまらず、広く銀行、そして金融仲介のあり方を考える出発点になれば幸いである。

［目　次］

[第4章] **コロナショックと地域銀行**
基礎的収益力低下に追い打ち

[第5章] **経営環境の構造変化**
楽観的見通しとの決別を

第 1 章

銀行は特別か

なぜいま地域銀行の問題なのか

半沢直樹、出向は都落ちか

　ひと口に「銀行員」と言っても、その言葉から受けるイメージは人によって
さまざまなのではないだろうか。

　昨年、7年ぶりにテレビドラマ『半沢直樹』が復活し話題となったが、そこ
では「銀行員」が証券マンと一緒にM&Aの仲介を手掛けるなど、白いシャツに
濃紺のスーツを着て、みるからに堅実そのもので一円たりとも計算を間違うこ
とは許されないという旧世代が抱くイメージとは違う「銀行員」が活躍していた。

　ドラマのなかでは、預金を集めて、貸出をするというオールドスタイルの「銀
行員」はほとんど登場しなかったが、それでも「銀行は特別」との思いは視聴
者も含め、今もなお多くの人たちが抱いているのではないだろうか。実際、『半
沢直樹』でも銀行はグループの中心に位置する「強い」立場にあり、主人公の
銀行本体から子会社や関連会社への出向は都落ち的なイメージで描かれていた。

　1982年に、後にニューヨーク連邦準備銀行総裁となるジェラルド・コリガ
ン氏が『銀行は特別な存在か（Are banks special?）』と題する有名な小論文を発
表したように、「銀行は特別」との認識は古くからグローバルに共有されてきた。
銀行は、預金という低い金利での調達手段を有する特権をもつ。また、中央銀
行から資金を供給してもらえる。預金保険制度という特殊な制度もあり、一般
企業と同じようには倒産しない。つまり、銀行には公共的（public）な側面が
あり、だからこそ規制を受けるが守られてもいる「特別」な存在である――。
こうした考え方が金融当局、金融機関、そして利用者の間で長く主流だった。

　確かに、銀行は戦後長らく続いた右肩上がり経済、規制金利環境のもとで超
過利潤を享受する「強者」だった。日本経済が高度成長を続けるなか、企業セ
クターには旺盛な資金需要があり、銀行は規制金利で預金を集めれば「自動的
に」利益を確保できる構図になっていた。また、貸出は「資金」の供給である

と同時に、「事実上の資本」（疑似資本）としての性格をもち、それゆえ銀行は「資本家」として貸出先に影響力を及ぼすことも可能であった。収益力も企業への影響力もすべて資金量に比例しており、筆者が銀行に就職した今から約40年前、1980年代前半でも銀行の序列はほぼ資金量で決まっていた。今でも地方銀行協会での序列は資金量の順番になっているという。

しかし、インターネットやデジタル技術の飛躍的な進化により、銀行と同様の金融サービス・機能を提供する「非銀行」が続々登場している。銀行と非銀行の垣根は低くなるばかりで、しかも、マイナス金利政策で預金による低金利での調達メリットもないという現在の状況でも、銀行はなお「特別」な存在なのだろうか。

預貸ビジネスモデルの限界

確かに、預金を扱う銀行の公共的側面は今日的にも重要である。しかし、経済が構造変化するなかで、今や銀行も「特別」な存在ではなくなっているのではないか。特に、地域経済の衰退や企業セクターの資金余剰、さらには超低金利環境の継続といったきわめて厳しい経営環境のなか、戦後の基本的なビジネスモデルであった「預貸モデル」が成り立たなくなっている地域銀行（地方銀行・第二地方銀行）は構造不況の状況にあるのではないか。市井の人々が銀行に抱くイメージ、儲かる産業でかくあるべきといった固定観念と、実態との間には大きなギャップがあるのではないか。地域銀行はかつて構造不況業種とされた鉄鋼、繊維といった「普通」の産業と同じような発想で、構造調整を考えなければならないというのが本書の問題意識である。

一方で、産業や企業の発展は金融と一体的であり、銀行が金融の仲介機能を発揮することの重要性は今でも変わらず、また、個人（家計部門）にとっても、

高齢社会を迎えるなかで銀行はライフラインの一つのような存在になっていくと考えられる。「銀行業」そのものが構造不況なのではなく、1世紀半にもわたって安泰だった預金と貸出を両輪とするビジネスモデルが限界にきているととらえるべきである。

地域銀行は経営戦略の転換を

　後述するようにバブル崩壊は大手銀行を直撃したが、コロナショックは地域経済の中核を担う地域銀行に大きな影響を及ぼすと思われる。厳しい経営環境にコロナショックが加わったことで、地域銀行は今度こそ経営戦略を大きく転換させていく必要がある。菅政権も首相自ら地域金融機関の再編に言及するなど地域銀行の今後のあり方に強い関心を示しており、地域銀行は地域経済の今後のあり方やそのなかでの自らの生き残り策を真剣に検討しなければならない。

　筆者は1980年代半ばから債券市場でのポートフォリオアドバイス業務を通じて地域金融機関、なかでも地域銀行と付き合いを続けてきた。当時、まだ金融市場の右も左もわからない筆者に対して、金融のあり方を手取り足取り教えてくださったのは主に地域銀行の方々だった。以来、この35年間でほとんどの地域銀行を訪問させていただき、トップ層も含め多くの方々と意見交換を重ねてきた。そこではいつも、バブル崩壊後の資金フローの変化のなかで銀行を中心とした金融のあり方を考え直す必要があること、そして地域銀行のビジネスモデルも大きく転換させていかなければならないことを意識して議論をさせていただいた。

　『半沢直樹』はしょせん、テレビドラマ、フィクションの世界の話であり、銀行員の本業は「預金集め」、銀行は特別な存在との見方は根強く残るが、その一方で、地域銀行を取り巻く環境は日に日に厳しさを増し、そのあり方を問い

直す議論が展開されている。本書では筆者が40年近くにわたり金融機関・金融市場業務を通じて実感した地域銀行の課題を今日的局面から問い直し、地域銀行の今後の道標を提示してみたい。

渋沢栄一が描いた銀行像と現実

「近代日本の資本主義の父」とされる渋沢栄一（1840年〜1931年）は1873年（明治6年）に日本で初めて銀行（第一国立銀行）を設立した人物であり2021年にはNHKの大河ドラマ『青天を衝け』に主人公として取り上げられ、2024年には新紙幣の肖像画になる。渋沢栄一がイメージした銀行は図表1-1の言葉に集約される。

［図表1-1］**渋沢栄一による銀行のイメージ**

> 　銀行は大きな川のようなもので、お金が銀行に集まらないうちは、谷川のしずくの水と異ならない。豪商や豪農の穴蔵に埋蔵し、雇用者やおばあさんのえりの内にあるままでは、人々を豊かにすることや国を富ませることができない。銀行を設立すれば、穴蔵やえりの内にしまいこまれたお金が集まって多くの資金となり、それをもとに貿易、学術、道路が整備され、国が豊かになる。

（出所）渋沢史料館「私ヲ去リ、公ニ就ク—渋沢栄一と銀行業—」

　第一国立銀行は明治政府の官金を預かり、出納を行う銀行として創設された

が、それだけではそれまでの幕府や藩、豪商の間に偏った江戸時代の金融と変わらなかった。そこで渋沢は社会全体に資金を行き渡らせ、産業を興し発展させるために、民間の資金を預金で集め、民間取引を盛んに行っていくことが重要だとした。公共性のある銀行の使命は社会全体の金融の円滑化であると考え、民間の預金を奨励し、民間取引を推進することを重視した。一滴一滴がやがて大河になるとした合本主義を唱え、預金で資金を集めることが日本の近代化の出発点になると訴えたのである。

筆者は37年前に英国オックスフォード大学に留学し開発経済を学んだ時、指導教授であったギリシャ人のアンソニー・クラキス先生から、「financial liberalization」として金融を自由化することで預金を集めることの重要性を学んだ。発展途上国でまず必要になるのは、民間の資金を預金によって吸収し、資金を必要としている産業に供給するインフラとして銀行システムを確立することである。こうした考えは、渋沢がイメージした銀行像と合致する。

しかし、渋沢による第一国立銀行設立から1世紀半が経過した今日、当時は途上国の段階だった日本は成熟先進国となり、企業セクターの資金需要は減退した。希少だった資金は日銀の金融緩和で溢れるほど供給され、預金を集めても持って行き場のない状況にある。その結果、預金を集めるインフラとしての銀行の店舗ネットワークもこれまで通りコストをかけて、同じような形で維持する必要性はなくなってしまった。地域銀行の場合、エリア内に張り巡らせた店舗ネットワークを活用して集めた預金を貸出に回す預貸業務への依存度合いが高いだけに、構造不況の度合いは濃い。

地域における圧倒的存在感

日本経済が成熟化し、高齢社会に転じ、企業が資金余剰になり、超金融緩和

[図表1-2] 企業がメインバンクと認識している金融機関の割合

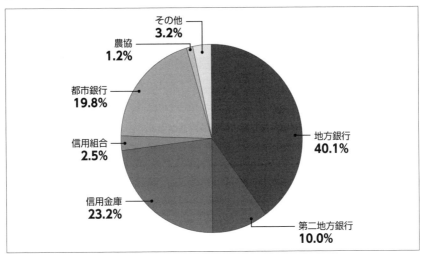

(出所) 金融審議会 銀行制度等ワーキング・グループ事務局説明資料

で資金が溢れ、マイナス金利が継続する。こうした環境では、これまでのビジネスモデルは成り立たないという事実を直視すべきであろう。「銀行は特別」との意識を超えて、普通の産業と同じように生き残りをかけた対応が必要な段階にきている。そこでは経営者の発想の転換が必要である。

　地域銀行、なかでも地方銀行（いわゆる第一地銀、以下、地銀）は従来、地域の「お殿様」のようにみられてきたが、依然として地元での圧倒的顧客基盤と信頼感、また優秀な人材を豊富に抱えており、その潜在力は高い。

　2020年末段階で地銀は63行、無尽からスタートし、相互銀行を経て普銀転換した第二地方銀行（以下、第二地銀）は38行存在する。ほとんどの道府県で地銀がトップに位置し、2番手として第二地銀が存在するといったヒエラルキーができあがっている。

　図表1-2は企業のメインバンクの業態別シェアを示している。地銀、第二地

（出所）金融審議会 銀行制度等ワーキング・グループ事務局説明資料

銀に信用金庫、信用組合を加えた地域金融機関が約8割を占め、その存在の大きさが確認される。

　地域別にみても、関東や近畿、中部の大都市圏を除くと、地域金融機関のシェアは9割を超えている（図表1-3）。こうした圧倒的な存在感と高い潜在力を有している間に、床柱を背に座しているだけでなく、自らが新しいビジネスを興す当事者になるという意識で戦略を構築していくことが求められる。

銀行はつらいよ

　図表1-4は法人企業統計をもとに企業収益（当期純利益）とその還元の推移を示したものである。企業収益は2018年度に62兆円と史上最高を記録した。これは、1990年前後のバブルピーク時の20兆円、2010年前後のミニバブル期

[図表1-4] **企業業績と収益還元の状況**

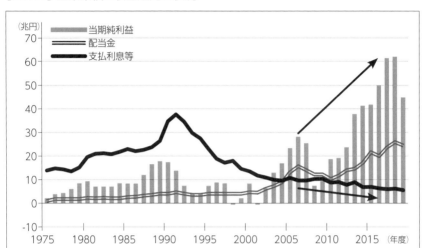

(出所) 財務総合政策研究所「法人企業統計調査」、直近は2019年度

の30兆円と比べ数倍のレベルである。コロナショックで2019年度は45兆円に減少したが、過去の水準と比較すればまだ十分に高い。

　一方、企業が金融機関に支払う利払い額は、1990年前後は約38兆円あったが、2018年度は6.5兆円と、1/6の水準に減少している。経済全体のパイのなかで銀行という産業の取り分、付加価値が大きく低下しているのである。

　企業収益がここまで上昇した背景には、バブル崩壊後の厳しいリストラや新たな分野への進出、ビジネスモデルの転換といった企業努力があるのは言うまでもない。一方、銀行サイドからの僻みに似た思いからすれば、利払い負担がピーク比で1/6にまで低下した点も大きい。その結果、企業は金利低下のメリットを全面的に享受していると考えられる。

　企業と対照的なのが金融機関である。特に国内における預貸ビジネスをメインとする地域銀行などの業態にとってはきわめて深刻な事態と言える。

しかもこうした状況は当分、改善されそうにない。2018年まではマイナス金利を含めた金融政策の出口戦略や正常化も議論されたが、2019年に米国が利下げに転じて以来、超緩和の金融政策は出口の可能性を失った。さらに、2020年に入り新型コロナウイルスの感染が拡大して以降、グローバルに金利上昇シナリオは封印された状況にある。コロナショックに伴う資金繰り需要拡大で一時的な貸出増加や金利上昇が生じても、中長期的に支払利息が増加するシナリオは描きにくい。

　銀行はこれまで、中期経営計画においては常に「今の低い金利水準は異常でありいずれ金利は反転上昇する」との前提をおいていた。また、「企業が借入をしない状況も長くは続かず、やがて企業セクターは借入を行う資金不足部門に戻る」との楽観的なシナリオも繰り返されてきた。しかし、2020年代半ばを視野にして、今後策定する中期経営計画では金利上昇シナリオや企業セクターの資金需要復活を前提にすることは説得力をもたない。地域銀行はそうした不都合な真実に対峙するなかで、自らのビジネスモデルを転換させていく以外に持続可能性は高まらないという根源的な課題に直面している。

商社は「勝者」、銀行は冬の時代

　減少し続ける支払利息に反比例する形で増加してきているのは企業が支払う配当金である。バブル景気のピークであった1990年度は5兆円に満たなかった配当金は2018年度に26兆円超と過去最高を大きく更新し、支払利息等の4倍以上の水準になっていることはあまり知られていない。企業は貸出で資金を供給してくれる銀行にはあまり報いない一方、株主には報いている状況がよくわかる。

　こうした企業収益還元の恩恵を受けている業態の一つは商社である。特に総

合商社の場合、伝統的に物流を中心とした手数料に収益を依存してきたが、現在では投資ファンドやプライベート・エクイティ・ファンドのように投資活動にビジネスの軸足を移し、投資先からの配当に収益の大半を依存するようになっている。総合商社の収益環境が好調なのは図表1-4の配当の増加に沿ったもので銀行とは対照的である。筆者が1980年当時、就職活動をしていたころは「商社、冬の時代」とされていた。それから40年が経過し、「商社は勝者」「銀行、冬の時代」と大きく明暗を分けた形となっている。

　商社はリアルに資本を供給するなかで「勝者」になった。これに対して銀行はバブル崩壊後のプロセスのなかであえてその地位を放棄せざるをえなかった事情もあるとはいえ、預貸業務を通じた疑似資本の供給という役割を失ったこと（もはや資本家ではなくなったこと）は大きな転機だったと言える。さらに、持ち合い解消も含めて株式保有を減少させてきたことは、銀行にとって自滅行為に近かったと考えられる。

　今日、「銀行の商社化」が話題になるのは、出資も含めた形で企業に関与し、実業の源流に遡り、蓄積されたキャッシュの利益配分に与るビジネスモデルが銀行にも求められるからだ。大手銀行のなかで、特にリース会社が商社と同様のビジネスモデルで取引先の実業分野への関与を強めるのは、最も商流にアプローチしやすい立場にあり、かつ、投資業務も包括しているからで、金融業のサービス業化でもある。預貸を中心としたビジネスモデルがもはや成立せず、また決済分野にも異業種が続々参入する状況のなか、今後は、信託、アセットマネジメント、リース、証券、ファンド等の業務が金融ビジネスの主役になっていく可能性は高い。

銀行の「倍返し」は可能か

　このことは、商業銀行が金融グループの中心に位置付けられているこれまでの天動説的発想から、「脱銀行」への意識改革の必要性を示唆している。『半沢直樹』では主人公の銀行から関連会社への出向は左遷とされたが、そうした固定観念にも転換が迫られているということである。

　コロナショックによる経済への直接的影響は甚大なものとなっているが、同時に、これまでに世の中で起きていた変化が加速した側面も大きい。大都市一極集中を背景とする地方との格差拡大、企業を中心とした資金余剰の拡大、デジタル化の進展等、コロナショックで変化のスピードが決定的に加速している。

　筆者は2004年に当時、同僚であった柴崎健氏と『銀行の戦略転換』という著書を発表している。そこでは、従来の預貸ビジネスからバランスシートや事業を市場の風に晒してポートフォリオ的な運営を行う日本版市場型間接金融のビジネスモデルへ転換することを提案した。

　それから17年が経過し、大手銀行では、預貸ビジネスへの依存度が低下し、収益の多様化への転換が相応に確認されるようになってきた。一方、地域銀行ではそうした変化は遅れている。そのなかでこの間、地域経済の停滞はますます深刻さを増している。

　また2017年には柴崎健氏・大木剛氏と『2020年消える金融』を上梓し、マイナス金利をはじめとする「金利水没」のなかでの銀行の「水中生活」の困難さを指摘した。そのタイトルに掲げた「2020年」がいよいよ到来し、予想以上に銀行、特に地域銀行からの息切れ感が強いことを受けて、本書で改めて地域銀行のあり方を考え直すことにした。

　地域銀行はこの危機から、『半沢直樹』のような「倍返し」ができるのか。その答えを本書で探っていきたい。

第2章

前史──
バブル崩壊と
大手銀行・地域銀行

地域銀行はなぜ生き延びられたのか

大手23行の名前は全部変わった

　図表2-1は今から39年前、筆者が銀行に就職した1982年の大手銀行の一覧である。当時は都市銀行13行、長期信用銀行3行、信託銀行7行が存在し、公務員と同様、最も安定した就職先とされていた。

　それから40年弱が経ち、当時の名前のまま残っている大手銀行はない。筆者が就職した日本興業銀行はみずほ銀行となり、しかも長期信用銀行という業態さえもなくなってしまった。筆者自身、こうした大きな変化が生じることを全く想定していなかった。1974年に有名建築家として知られる村野藤吾氏の設計により建築された興銀本店ビルは、「軍艦ビル」と称され大理石で覆われ威容を放ったが、今や跡形もなくなり、同じ場所に新たなビルが建ち上がっている。当時の大手銀行の本店ビルで今も同じように本店機能を維持しているのは旧三菱銀行本店、現在の三菱UFJ銀行くらいであろう。40年近い合従連衡の歴史を経て、「夏草や兵どもが夢の跡」の状況である。

地銀の名前は今も昔も変わらず

　一方、地域銀行は、第二地銀では再編統合が進んだものの、地銀は39年前と比べ数も名前もほとんど変わらないままである（図表2-2）。

　筆者は、コロナショックは大手銀行よりもむしろ地域銀行に大きな影響を及ぼすと考えている。過去の地殻変動は大手銀行中心であったが、20年近いタイムラグを伴って地域銀行にも今後、再編の波が押し寄せるのではないか。2020年はコロナショックの年であると同時に地域銀行の変化の起点となる年だったように思う。そしてそこに、地銀再編を政策課題として掲げる菅政権が登場したわけである。

[図表 2-1] **1982年当時の大手銀行──名前は全部変わった**

業態	銀行名
都 市 銀 行 (13行)	第一勧業銀行、富士銀行、三菱銀行、住友銀行、三和銀行、三井銀行、大和銀行、協和銀行、東海銀行、太陽神戸銀行、北海道拓殖銀行、埼玉銀行、東京銀行
長期信用銀行 (3行)	日本興業銀行、日本長期信用銀行、日本債券信用銀行
信 託 銀 行 (7行)	三菱信託銀行、三井信託銀行、住友信託銀行、安田信託銀行、中央信託銀行、東洋信託銀行、日本信託銀行

(出所)岡三証券作成

[図表 2-2] **地域銀行数の推移**

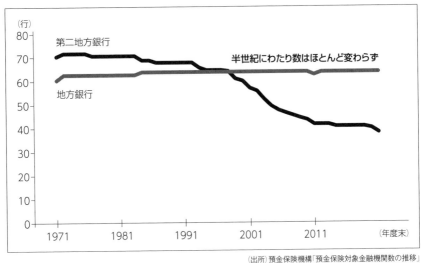

(出所)預金保険機構「預金保険対象金融機関数の推移」

大手銀行を直撃したバブル崩壊

大手銀行と地域銀行の差はどうして生じたのか。

大手銀行の再編のきっかけは1990年代のバブル崩壊にあった。大規模な資産デフレに伴う不良債権問題、金融自由化の進展、市場性資金調達の不安定化などの要因が複合的にからみあい、経営問題に発展した。

なかでも、長期信用銀行は金融債という市場依存型の調達構造の不安定さが露呈し、預金によって安定的に資金調達を行っている商業銀行に業態転換をせざるをえなかった。

バブル崩壊によるショックが大手銀行を直撃したのは、以下の4つの要因があった。

第1は大都市圏を中心に「バブル3業種」（不動産・建設・卸小売）への貸出が拡大していたこと。第2にメインバンクに負担が集中しやすい日本の金融慣行の存在。第3に預貸率が100％を超える「マネー行」（貸出が預金を上回る）状態で、しかも調達を市場性資金に依存する構造にあったこと。第4に持ち合いを含めた株式保有の割合が大きかったなか、バブル崩壊が直撃したことである。

大手銀行はさながら、日本経済全体を反映した「インデックス・ファンド」のようなものであり、不良債権問題で信用不安が生じると市場性資金の調達に制約が生じ、資金繰り不安に見舞われるという危機的状況が連鎖しやすい状況だった。

ここで、第2の要因として指摘した、大手銀行に負担が集中しやすい日本の金融慣行について改めて整理しておきたい。地域銀行の負担を大手銀行が肩代わりした状況（いわゆるメイン寄せの状況）では、メイン行である大手銀行は追加的なコストを負担して企業を支える一方、地域銀行などの非メイン行は貸出を大手銀行に肩代わりしてもらうことで、結果的にリスクをとらず収益を確保

するフリーライダーになりやすい面があった。

　以上の構造を図示したのが図表2-3である。ここでは大手銀行と地域銀行が半分ずつ貸出を行う状況を想定している。

　大手銀行は貸出先の株式を保有し、貸出先に経営問題が生じると地域銀行から貸出を肩代わりし、そこで生じた損失を引き受ける。その結果、大手銀行の損益は企業価値より、損失を引き受けた分だけ低下した水準になる。これは、企業価値が低下すると地域銀行の貸出が大手銀行に肩代わりされるという、大手銀行からみれば暗黙のうちに「企業価値のプットオプション」を売却する契約が付いていたようなものである。しかも、大手銀行はこのプットオプションを「タダ同然」で売却していた可能性が高い。

　一方、地域銀行の損益は、損失を大手銀行に肩代わりしてもらうことで、事実上の損失補塡を受けたことになる。その結果、地域銀行は貸出先の状況に関わりなく、一定のキャッシュフローを獲得できる。つまり図表2-3は、地域銀行がバブル崩壊後の局面でもフリーライドできた構造を示している。

　大手銀行はバブル崩壊前の右肩上がり経済のなかでは、企業の旺盛な資金需要に支えられた貸出の増加に伴う収益をいち早く獲得し、同時に企業価値向上の果実（アップワードポテンシャル）を持ち合いによる保有株式で得ていた。これは日本の銀行のビジネスモデルはそもそも株式保有を前提にしていたことを示唆する。多少の負担が大手銀行に生じても、高い成長期待のなかで十分にメリットを享受できる状況にあった。

　しかしバブル崩壊に伴い、そうした収益構造がなくなるなか、大手銀行には地域銀行から一方的に負担を受けるだけで割に合わないとの意識が生じた。そしてメインバンクとして地域銀行の負担までをも肩代わりする慣行の維持は難しくなり、同時に、持ち合いを中心とした保有株式の売却も進行した。今日、株式売却で大手銀行のもつ本質的なビジネス構造を喪失させてしまった可能性

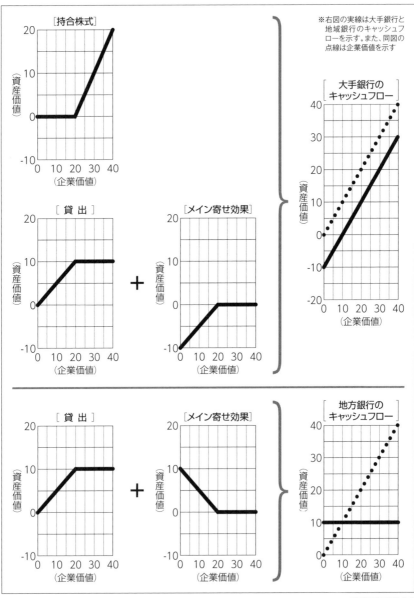

（出所）岡三証券作成

がある。

コロナショックは地域銀行に大きな影響

大手銀行とは対照的に、地域銀行でバブル崩壊の影響が限定的だったのは、大手銀行の要因の裏返しとしての以下の4つのことが挙げられる。

第1はバブル期の貸出拡大は東京を中心とした大都市圏であり、地方でのバブル3業種向け貸出は比較的限定されていたこと。もちろん、東京以外の主要都市での不動産価格高騰や一部バブル的状況により不良債権が生じた例はあったが、東京圏ほどの規模ではなかった。また、地銀は元々、地域の優良企業を顧客として抱えており、バブル期も無理な貸出を行わなかった点も指摘できる（地域の二番手行として背伸びをしようとして貸出を積極化した第二地銀は不良債権を抱え込んだケースが多かった）。

第2に「メイン寄せ」など主力銀行、大手銀行中心の負担慣行に助けられていた面が大きかったこと。第3に地域銀行は預貸率が100%を下回る「ローン行」（預金が貸出を上回る）状態であり資金繰り問題が大手銀行に比べて生じにくかったこと。第4に株式保有の割合が低く、株価下落の影響を大手銀行ほど受けにくかったことなどが要因として挙げられる。

これに対して、コロナショックが大手銀行に比べ地域銀行に大きな影響を与えやすいと考えるのは以下の3つの理由からである。

第1に大手銀行はバブル崩壊後、20年近くの年月のなかですでに再編やリストラを済ませており、加えてリーマンショック後のグローバルな金融規制の影響を受けて資本の積み増しが行われていること。

第2にコロナショックの影響を受けやすいのは後述するように全国に広がる飲食、宿泊、生活関連サービス、娯楽、小売、陸運、医療福祉といった「コロ

ナ7業種」であり、それらは地域銀行の取引先となっているケースが多いこと。今後、「コロナ7業種」で倒産などが相次げば、信用コストの上昇の影響を受けやすいこと。

第3に、地域銀行は国内における預貸業務からの収益への依存度が高く、コロナショック以前から収益力が趨勢的に低下していたことである。

コロナショックでは、バブル崩壊後の大手銀行へのメイン寄せの状況とは異なり、地域銀行自身が経営状態が悪化した企業にメインバンクとして対峙する必要がある。当然、バブル崩壊後のようにフリーライダーとして立ち振る舞うことは許されない。そこでは、倒産による貸倒れ損失を信用コストとして負担しなければならない可能性があるほか、規模は限られるとしてもその他の地域金融機関の負担を肩代わりする必要も生じうる。

また、メインバンク機能としての債務調整や事業再生業務に本格的に取り組むことが重要になる。これまで信用金庫や信用組合等から地域銀行には、メインバンクで情報の優位性がありながら自らはその責任を回避して真っ先に融資を引き上げるような対応への批判もあった。コロナショック後はそうしたスタンスから脱却し、当事者として正面から企業再生に取り組む覚悟が問われる。

預貸率低下は先進国で共通の現象

図表2-4は民間金融機関の預貸率の推移である。バブル崩壊で金融危機が生じた1990年代後半まで、都銀の預貸率は一貫して100％を超えていた。その後、バランスシート調整に伴う貸出金の圧縮により都銀の預貸率は50％台まで大幅に低下した。

一方、地域銀行の預貸率は100％以下で推移している。地域銀行では貸出量を上回って集められた預金の量を「余資」と呼び、有価証券などで運用するほ

[図表 2-4] **都銀・地銀・第二地銀の預貸率の推移**

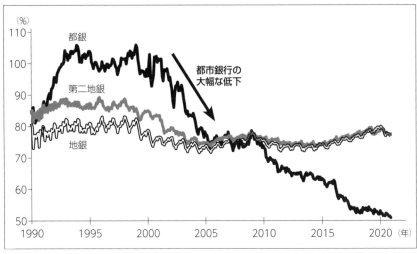

(出所) 日本銀行「民間金融機関の資産・負債」

か、資金が不足する大手銀行に対して融通していた。余資があって資金の出し手となるのが「ローン行」、逆に資金の受け手となるのが「マネー行」であり、資金仲介の場がコール市場を中心とする短期金融市場であった。こうした説明はかつては金融の教科書に必ず載っていたが、2000年代以降は死語になってしまった感がある。

参考までに米国の状況も振り返ってみよう。図表2-5にあるように、米銀の預貸率も急激に低下している。2008年の金融危機以前は100％を超えていたことを考えると大手銀行の預貸率が60％割れ水準にまで低下したのは大きな変化である。米国の中小金融機関では不動産向け貸出増加で一時的に預貸率が上昇していたが、コロナショックで低下に転じた。また、大手銀行ではリーマンショック後の金融規制強化の影響で低下基調が加速している。その結果、日本の銀行と同様に米銀においても有価証券運用の比率が上昇している。

[図表 2-5] **米銀の預貸率──米国でも大幅に低下**

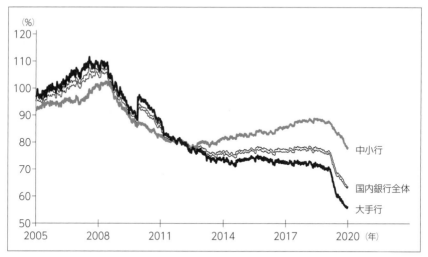

(出所) FRB

　こうしてみると、日本でみられた預貸率低下の状況は、成熟した経済での一般的な現象と考えることができる。日本では長年にわたり、いずれ預貸率は反転し上昇すると期待され、金融当局も貸出増加を通じて預貸率を高めることを金融機関に促すスタンスをとっていた。しかし、日本に比べ潜在成長率が高い米国でさえ預貸率が低下し続けている状況をみる限り、その望みはほとんどない。

　米銀の預貸率低下は20年遅れの「日本化現象」の一つと考えることもできる。サブプライム問題、リーマンショックに端を発した金融危機の本質は、米国の大手銀行をはじめとするグローバルに展開する金融機関の資金調達不安、すなわち流動性危機であった。その後、米国の銀行が貸出を中心にリスク資産を圧縮し、預貸率が低下した動きは、バブル崩壊後の日本の銀行に類似している。そして、資金調達の安定度を確保した米国の大手銀行は、現在、むしろ預金の流入を抑制するスタンスにあることは注目される。

「預金ファースト」「貯金ファースト」の見直しを

いずれにしても今後、預貸率の上昇が期待できない以上、地域銀行の「預金を集めれば自動的に儲かる」ビジネスモデルはもはや成立しない。

戦後、日本の金融機関は預金集めに軸足をおく地域銀行と、貸出業務がメインであった大手銀行とで役割を分担してきた。地域銀行は規制金利環境下、市場金利よりも低金利の預金によって資金を集めれば、それだけで超過利潤が得られた。また、貸出に回しても余った資金は余資としてコール市場を通じて大手銀行などに融通し、収益を確保できた。さらに、長期信用銀行の金融債を購入するという運用ルートも存在していた。

その結果、地域銀行では、預金を安定的に集めるための支店ネットワークの構築、営業担当者の配置、そして陸軍歩兵部隊のごとく本部の指示のもと一糸乱れず駒が動き連隊が行動するような指揮命令系統を作り上げることが「経営」そのものであり、行員には本部や上司の指示に従い、定型化された作業をいかにミスなく行うかが求められた。預金ファーストの転換は銀行の店舗・組織、さらに人事制度を根本から変えることにつながる。

「預金」という言葉を「貯金」に置き換えれば、ゆうちょ銀行や農協（JA）についても、地域銀行と同様のことが言える。

郵便貯金は長らく、国民の資金を国債市場や財政投融資に向ける導管として設計されてきた。郵便貯金を代表する商品である定額貯金は戦前に個人向け国債の代替として開発された。全国に巡らされた郵便局のネットワークは国民の貯蓄を集めるための壮大なインフラでもあった。また、国債の消化に向けての重要な導管として機能し、しかも、制度的に一定の利ザヤも有する安定運用が可能だった。

一連の財投改革、郵政民営化によって郵貯の預託義務がなくなり、郵貯で集

めた大量の資金は行き場を失った。そこでゆうちょ銀行は国債や外債を中心に運用しているが、運用体制は大手銀行に比べると脆弱であり、マイナス金利政策のなかで厳しい状況にある。本来ならば預託義務がなくなった段階で入り口である貯金の調達も縮小すべきだったが、ゆうちょ銀行の貯金量は2000年初をピークに減少傾向にあるものの、依然、190兆円に近い水準にある。しかも、国債市場への導管機能が制度上薄れ、慢性的な運用難になりやすい。

　JAにおいても戦後一貫して貯金を集めることが最大の目的であった。その資金の一部は農業者向け貸出に振り向けられたが、大半は信連、さらに農林中央金庫に系統預金として預けられた。農林中金は機関投資家として世界レベルでの運用の多様化に向けた体制作りをいち早く行っているものの、現在の低金利環境下では大量に預け入れられる資金の運用を安定的に維持することは難しく、JAや信連からの資金受け入れを抑制する動きに転じざるをえない状況にある。

　このように「預金ファースト」、「貯金ファースト」からの転換は、地域銀行に止まらず、郵便貯金や農業系統も含め、資金調達機能をビジネスモデルの中心においていたわが国の金融機関にとって共通の課題である。

市場からの警告の強まり

　図表2-6は、戦後一貫して続いた商業銀行を中心とした「預金ファースト」のビジネスモデルのもとでのマネーフローを示したものである。こうした渋沢栄一が想定したような資金仲介モデルはバブル崩壊後に完全に崩れ、同時並行的に金融の自由化が進展した。

　一方、図表2-7は、現在のマネーフローの状況を示すものである。企業が資金余剰部門へと転じるなか、金融セクター全般が深刻な運用難に陥っている。

[図表2-6] **戦後続いた資金仲介の概念図──「預金ファースト」モデル**

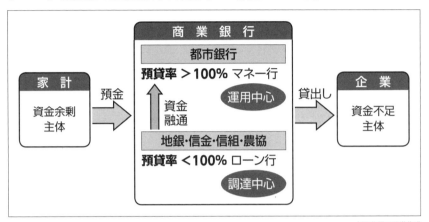

[図表2-7] **戦後続いた資金仲介転換の概念図──「預金ファースト」モデル転換**

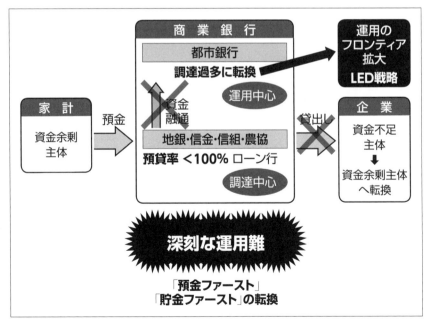

また、都銀が預金超過に転じるなか、金融業態間での資金融通フローも機能しない状況にある。その結果、元々、預金超過で運用難にあった地域金融機関はさらに深刻な運用難に見舞われ、「預金ファースト」、「貯金ファースト」のビジネスモデルの転換を迫られている。

　図表2-8は地域銀行の株式時価総額である。トップの千葉銀行でも4,600億円しかなく、半分以上の地域銀行が500億円を下回る。東京証券取引所の上場区分の改定によって、今後新たにプライム市場の区分ができ、概ね一部上場企業が引き継がれることになる。ただし、プライム市場銘柄の時価総額の基準は250億円となっており、地域銀行の1/3程度はその水準に達していない。また、100億円程度とされる見通しの流通時価総額のハードルも高い。

　プライム市場に上場される銘柄は従来の東証一部市場と変わらないとしても、今後、TOPIXのインデックスは上場区分とは切り離されることが予想される。その場合、移行措置がとられたとしても、インデックスファンドでTOPIXから除外される銀行の銘柄に関しては売却圧力が生じる可能性もある。

　こうした株式市場における地域銀行の評価の低さは、預金ファーストのビジネスモデルを引きずったままの地域銀行に対する市場からの警告と受け止めるべきである。

「ブラックエレファント」は許されない

　一方、株式市場での評価を高めるための戦略も、それが持続的なものかどうかが厳しく問われる状況にある。日本の株式市場の最大の保有主体が海外投資家になるなか、地域銀行として海外投資家とどう向き合うのか、外国人株主からのプレッシャーを受けて高い配当を行い地域以外に資金を流出させつづける必然性があるのか。改めて上場の意義が問われる状況にある。この点について

[図表 2-8] **上場地域銀行の時価総額**

金融機関名	時価総額(億円)	金融機関名	時価総額(億円)	金融機関名	時価総額(億円)
千葉銀行	4,640	十六銀行	699	東和銀行	246
コンコルディアFG	4,584	北國銀行	679	佐賀銀行	221
静岡銀行	4,523	沖縄銀行	649	清水銀行	194
京都銀行	4,164	京葉銀行	557	フィデアHD	194
ふくおかFG	3,580	南都銀行	553	富山第一銀行	194
めぶきFG	2,393	東邦銀行	515	栃木銀行	186
伊予銀行	1,946	武蔵野銀行	507	みちのく銀行	183
九州FG	1,942	トモニHD	494	北日本銀行	163
ひろぎんHD	1,899	青森銀行	482	富山銀行	154
関西みらいFG	1,864	名古屋銀行	475	千葉興業銀行	147
八十二銀行	1,712	福井銀行	453	筑波銀行	145
中国銀行	1,588	百十四銀行	447	じもとHD	144
山口FG	1,573	池田泉州HD	419	大光銀行	125
群馬銀行	1,408	中京銀行	395	トマト銀行	121
ほくほくFG	1,223	愛媛銀行	380	● 筑邦銀行	119
西日本FHD	1,024	宮崎銀行	377	長野銀行	115
滋賀銀行	1,017	岩手銀行	357	鳥取銀行	107
七十七銀行	1,010	山形銀行	342	東北銀行	106
第四北越FG	1,003	東京きらぼしFG	337	大東銀行	78
紀陽銀行	951	大分銀行	327	高知銀行	73
阿波銀行	943	三十三FG	327	● 福岡中央銀行	64
北洋銀行	846	琉球銀行	316	福島銀行	59
大垣共立銀行	829	愛知銀行	305	● 南日本銀行	58
山陰合同銀行	746	四国銀行	285	島根銀行	57
百五銀行	745	山梨中央銀行	260	● 宮崎太陽銀行	50
スルガ銀行	715	秋田銀行	247	● 豊和銀行	33

※●は福岡証券取引所上場、その他は東証一部上場　　　　　(出所)岡三証券作成、2021年1月末時点

は第6章で詳しく検討してみたい。

　地域銀行の人たちは、経営陣も含め、こうした厳しい現実をあえて直視しないでいた面もあるのではないか。「ブラックエレファント」という用語がある。皆が長い間認識していながら、見て見ぬふりをしていた事象がある日突然、大きな問題に発展することを指すが、現在、地域銀行が直面する問題はまさに、ブラックエレファントと呼ぶにふさわしいように思う。

　一方、多くの国民は地域銀行の厳しい状況をまだ認識していない。その認識のギャップの存在も問題解決の道筋を困難なものにしている。

　しかし今後は、預金を通じた顧客とのリレーションをクロスセルも含めて活かしつつ、預金調達額は所与のものとするのではなく、自らの裁量でコントロールするとの意識が重要になる。

「預金ファースト」の経営においては、預金量がすべてを決めていた。そうした時代の幻影、また、預金流出への恐怖から、預金を減らすとの意識はタブー視されやすかった。今でも地域銀行の経営者には預金に対する特別な意識があるようにみえる。しかし、店舗ネットワークや顧客とのリレーションを重視しつつも、これまでの固定観念からは脱却していくことが重要である。もし、今後、新たに銀行を作ることがあるとしたら、店舗ネットワークも含め現在とは全く異なる姿となるのではないか。こうした動きは、すでにデジタルバンクへの動きなどでみられる点である。

第 3 章

コロナショックと
「コロナ7業種」

再生のカギを握る地域銀行の対応

バランスシート調整の怖さ

日本経済はこれまでも繰り返しさまざまな危機に直面してきた。しかし、今回のコロナショックは過去の危機と比べても未曽有の衝撃を社会活動全般に与えている。その影響は少なくとも2020年代半ばまで続くと考えられ、その後の「新常態」ではこれまでの常識、価値観が通用しないようなこともありうるだろう。地域銀行はそうした時間軸、経営環境の激変を念頭に改革を進めなければならない。

コロナショックでのバランスシート調整のプロセスはバブル崩壊後のそれと基本的には同じである。

筆者は過去30年近くバランスシート調整の問題を議論してきたが、メディアを含む一般の方々にはなかなか理解されず、その説明の難しさを痛感している。例えば、テレビのワイドショーで、バランスシート調整を説明するのは難しい。テレビはその性格上、「赤字か黒字か」、「儲かるか儲からないか」といった二者択一のテーマを一瞬の映像で視聴者に理解させようとする。しかし、バランスシート調整では、バランスシートの右と左に広がりをもって問題が発生することから、説明する際のフリップも作りにくく、ディレクターから「こんなフリップではわからない」とダメ出しされることも何度かあった。それでも金融危機の本質は常に、バランスシート問題であるとの考え方は一貫している。

図表3-1は、バランスシート調整を示す概念図である。バブル崩壊では、バランスシートの左側（資産）の価格の減少（資産デフレ）が出発点となり、資本の毀損、極端な場合は債務超過につながった。

例えば、バランスシートの左側の資産の価値が2000万円、バランスシートの右側の負債が1500万円、資本が500万円だったとする。この時、不動産や

[図表3-1] バブル崩壊に伴うバランスシート調整の概念図

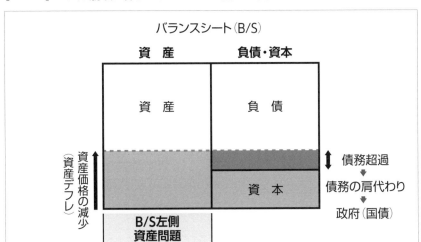

(出所)岡三証券作成

株などの価格が下落し、資産が2000万円から1000万円へと半分になると、バランスシート右側の負債は1500万円のままなので、差し引き500万円の債務超過（過剰債務）の状態になってしまう。バブル崩壊で生じた問題の基本はこうした構造によるものであった。その過剰債務の状況が解消されず、「失われた20年」と呼ばれる長期停滞につながった。

バブル崩壊後の過剰債務は国債で穴埋め

図表3-2は金融が関与して信用拡張が生じたなかで生じたバランスシート調整の各セクターへの広がりを示したものである。

まず、企業で資産価値が消失、その一方で負債はそのまま残存することでバランスシートの右左に「ギャップ」が生じる。その結果、資本不足・債務超過

[図表3-2] **バランスシート調整の連鎖を示す概念図**

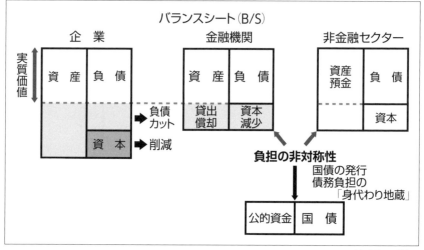

（出所）岡三証券作成

となり、倒産に至る。それは、返済ができないインソルベンシー問題として金融機関の不良債権となり、金融システム問題に発展する。債務の連鎖に関し、金融機関は家計に負担を回すことも理論上は可能だが（ペイオフ実施）、預金者保護の観点から国債発行によって公的資金を投入しそのギャップを埋める対応が取られる。「負担の非対称性」で家計の資産（預金）はそのまま維持される一方で、金融機関の貸出資産の価値は減少し、銀行の資本が大きく毀損する構造になる。

　つまり、バブル崩壊に伴い過剰となった債務が、企業→金融機関→政府と段階的に肩代わりされ、最終的に、政府がその穴埋めのための国債を発行することになる。筆者が「国債は過剰債務の身代わり地蔵」として長年にわたって指摘してきたのはバブル崩壊後の以上のプロセスのことである。

　バブル崩壊後、「バブルが崩壊しても問題はないのではないか。株や不動産

[図表 3-3] **コロナショックによるバランスシート調整の概念図**

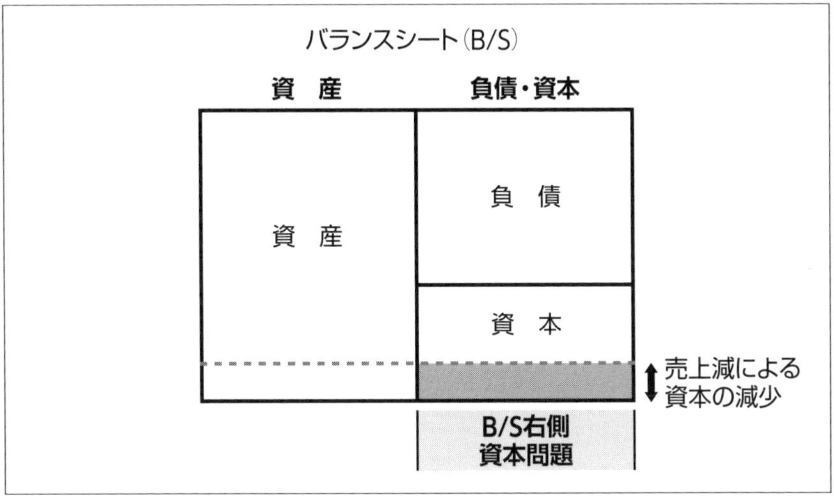

バランスシート（B/S）

資　産	負債・資本
資　産	負　債
	資　本

↕ 売上減による
資本の減少

B/S右側
資本問題

（出所）岡三証券作成

の価格が下落しても、値上がりする前に戻っただけのことだ」との声も多く聞かれた。確かに信用拡張がなく、例えば、バブルで価格が高騰する前に個人が手持ちのお金で株を買い、その価格が元に戻っただけであればその通りだろう。しかし、通常の経済活動では貸出等で信用の拡大、すなわち「負債の増加」が資産増加と同時に発生する。バランスシート調整とは、バブル崩壊で資産の価値が減少しても負債はそのままの水準で残る現象であることが、一般の人たちには意外にも理解されていない。

コロナショックでは赤字補填が出発点に

　次に、コロナショックにおけるバランスシート調整について考えてみる。図表3-3で示したようにコロナショックでのバランスシート調整プロセスとバブ

ル崩壊後のそれとの違いは、今回は企業が売上減少等に伴い損失を発生させ、その赤字を資本で埋めることが出発点となることである。もし売上がなくなり、1000万円の損失が生じたら、それを穴埋めするために資本が1000万円減少し、元々過小資本の中小企業などでは債務超過に陥ってしまうところも出てくる可能性が高い。同時に、先行き不安から株式・不動産を中心に資産価格が下落して、バランスシートの左の資産価値の減少も生じうる。

　いずれにせよ、コロナショックでも資本が毀損することには変わりなく、結果的にバブル崩壊後と同様、企業は過小資本状態に陥る。こうした過小資本状態への対応は資本性資金の供給や補助金で補うべきだが、実際には、無利子無担保の赤字補填融資が行われた。その結果、企業はさらに過剰債務を抱え込んでしまっている。こうした事態を打開するためには、債務を圧縮させるべく、減免するか、デットエクイティスワップ（DES）で資本に変えるかなどの債務調整が必要である。もし債務調整を行わなければ、債務不履行のインソルベンシーの問題につながる可能性が高い。

バブル崩壊では「バブル3業種」に集中した過剰債務

　図表3-4はバブル崩壊とコロナショックの経済への影響を比較したものである。

　バブル崩壊では資産デフレの影響がいわゆる「バブル3業種」（建設・不動産・卸小売）で顕在化し大手銀行の不良債権問題につながった。

　ここで「バブル3業種」でバブル崩壊後のバランスシート調整の影響が深刻だったのはなぜなのかについて整理しておきたい。

　バブル崩壊後のバランスシート調整の問題を把握するには、有利子負債の金額（借入金と社債等の合計）とキャッシュフロー（当期利益と減価償却の合計）のバ

[図表3-4] バブル崩壊とコロナショックの相違点

	バブル崩壊	コロナショック
バランスシート調整	資産価格の減少 （株・不動産中心の資産デフレ）	売上消失で資本減
業　種	「バブル3業種」を 資産デフレが直撃 大手企業中心 比較的大手金融機関	「コロナ7業種」を 経済活動停止が直撃 中小企業中心 比較的地域金融機関
責　任　論	生じやすい （バブル責任論）	生じにくい （自然災害のようなもの）

（出所）岡三証券作成

　ランスを考える必要がある。具体的指標としては、債務償還年数と負債圧縮必要額が重要であり、バランスシート調整が進展すればこれらの指標は低下する。

　図表3-5は、バブル崩壊後の債務負担が大きかった1998年度の業種別債務状況を示したものである。債務償還年数は有利子負債残高をキャッシュフローで割った数字、負債圧縮必要額は債務償還年数を10年（不動産業は20年）と仮定した場合にその10年分（不動産業は20年）のキャッシュフローを超える有利子負債の金額として算出している。この図表をみると、「バブル3業種」には業種別の債務圧縮必要額のほとんどが集中し過剰債務に陥っていたことが一目瞭然である。マクロ的観点でみれば、「バブル3業種」以外では有利子負債をキャッシュフローで返済することが可能と考えられる状況だった。

　このようにバブル崩壊後のバランスシート調整は、特定の業種に偏在する過剰債務問題がその本質であった。同時に、過剰債務と裏表の関係にあった不動

[図表 3-5] **業種別債務状況**（1998年度）——**バブル3業種の過剰債務問題**

		有利子負債（兆円）①	キャッシュフロー（兆円）②	債務償還年数（年）①／②	キャッシュフローがゼロとなる金利上昇幅（%）	負債圧縮必要額（兆円）	支払利息（兆円）③	支払利率（%）③／①
全産業		653.6	45.2	14.5	7.4	202.0	18.2	2.8
製造業		137.8	16.0	8.6	12.3	0.0	3.3	2.4
非製造業	3 業 種 計	329.0	8.7	37.9	2.4	223.5	9.0	2.7
	不 動 産	143.4	1.9	76.7	0.8	106.0	4.6	3.2
	卸 小 売	138.5	4.3	32.1	3.4	95.3	3.2	2.3
	建 設	47.1	2.5	18.9	4.3	22.1	1.2	2.5
	そ の 他	186.9	20.4	9.1	12.5	0.0	5.9	3.1
	運輸通信	45.6	6.1	7.4	16.3	0.0	1.8	4.0
	電 気	29.3	3.2	9.2	12.0	0.0	1.3	4.5
	ガス水道	2.4	0.4	6.5	18.3	0.0	0.1	2.8
	サービス	104.7	10.4	10.1	11.1	0.6	2.5	2.4

（出所）『金融不況脱出』（高田創・柴崎健著、日本経済新聞出版）

産問題という側面ももっており、大手銀行からの信用拡張の恩恵を受けやすかった大手企業に債務が集中し、結果的に、大手銀行の深刻な不良債権問題へとつながっていった。

激震地は「コロナ7業種」の中小企業

　コロナショックでは経済活動が広範囲にわたり抑制されている。感染拡大防止の「手術」をするために、あえて「全身麻酔」をかけ体の動きをマヒさせているのと同じである。

　図表3-6に示すように、経済活動が停止すれば売上は消失し、一定のマージンを掛け合わせて得られるはずだった利潤もマイナスになり、赤字を穴埋めするために資本が毀損する。リーマンショックの売上減少幅は大企業・中小企業

[図表3-6] **コロナショックでの資本消失の概念図**

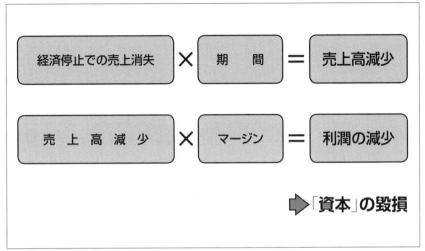

(出所) 岡三証券作成

ともに2割程度だったが、今回のコロナショックでは3割程度の落ち込みも予想されている。

　岡三証券の試算では大企業は37%の売上減で赤字となるのに対して、中小企業では14%売上が減少しただけで赤字になる。大企業と中小企業では売上減少に対するレジリエンスに予想以上に大きな差がある。

　そもそも、日本の中小企業は資本の厚みが薄い、「過小資本」の問題を抱えていた。同時に損益分岐点が高いことも課題とされてきた。そうしたなかで今回のコロナショックの影響を受けるのはどの業種なのかを分析したのが図表3-7である。

　ここでは、中小企業の財務上の抵抗力を計る観点から、①資金繰り耐久力、②自己資本比率、③赤字転落の減収率、すなわち、損益分岐点的な側面も含め、3つの財務指標から総合的に考えてみた。その結果、①陸運業、②小売業、③

［図表 3-7］中小企業の財務状況比較——コロナ7業種の財務上の脆弱さ

	資金繰りの耐久力 （年分）	自己資本比率	赤字転落の減収率 （試算値）
製造業	1.73	43.8%	−13.3%
農林水産業	1.72	43.1%	−16.7%
鉱業、採石業、砂利採取業	2.19	26.1%	−20.6%
建設業	1.61	39.1%	−15.8%
電気業	5.25	2.2%	−16.9%
ガス・熱供給・水道業	1.96	36.7%	−10.6%
情報通信業	1.18	44.9%	−2.6%
①陸運業	0.76	34.3%	−6.7%
水運業	1.79	5.1%	——
その他の運輸業	1.00	42.8%	−8.0%
卸売業	2.92	33.4%	−17.2%
②小売業	1.25	28.7%	−10.7%
不動産業	2.15	31.7%	−40.9%
物品賃貸業	2.10	18.7%	−8.1%
③宿泊業	0.56	18.8%	−6.8%
④飲食サービス業	0.47	15.1%	−2.2%
⑤生活関連サービス業	0.61	24.2%	−6.4%
⑥娯楽業	1.06	21.9%	——
学術研究、専門・技術サービス業	1.70	59.9%	−19.8%
教育、学習支援業	0.95	46.9%	−9.5%
⑦医療福祉業	0.75	21.5%	−7.2%
職業紹介・労働者派遣業	0.49	40.7%	−6.1%
その他サービス業	1.01	56.4%	−17.2%
全産業（除く金融保険業）	1.48	37.1%	−13.7%

（出所）財務総合政策研究所「法人企業統計調査」（2018年度）

※金融・保険を除く、資本金1億円未満を中小企業として算出
※資金繰りの耐久力は、流動性の高い手元資産（現金・預金＋受取手形＋売掛金）÷固定費で算出
※赤字転落の減収率は、固定費や特別損失等を一定として試算

宿泊業、④飲食サービス業、⑤生活関連サービス業、⑥娯楽業、⑦医療福祉業ではコロナショックの影響を強く受けるとみられる。他の業種と比較してこれら「コロナ7業種」の財務上の脆弱さは明らかである（図表3-8）。

「コロナ7業種」の「4-2-1」問題

「コロナ7業種」は経済全体でどの程度の規模を占めているのだろうか。

　まず雇用をみてみると、全体の約36％と大きな割合を占めている（図表3-9）。また、売上高は全体の21.5％、利益では10％程度である（図表3-10）。つまり、「コロナ7業種」が経済全体に占める割合は雇用、売上、利益の順に「4-2-1」ということである。

　当然、一人当たりでみた生産性は他の産業と比較して低い。この点は、中小企業白書で示された、宿泊・飲食や生活関連・サービス業・娯楽での生産性の低さの分析でも確認できる（図表3-11）。しかも、規模が小さい企業ほど生産性が低いのが特徴である。

「コロナ7業種」では低生産性の結果、賃金水準も低く、それは特に中小企業で顕著である（図表3-12）。「コロナ7業種」の賃金水準の低さの背景には、非正規従業員（派遣・アルバイト・パート等）中心の雇用形態という問題もある。図表3-13は業種別の雇用形態を比較したものだが、「コロナ7業種」は運輸を除き、どの業種もface to faceの対応を基本とする労働集約型のサービス業などの業種であり、非正規従業員の割合が高く、低賃金で女性や外国人も多い。

　今回のコロナショックが直撃したのはそうした「経済的弱者」であり、今後、雇用情勢が悪化すると政治や社会の不安定化をもたらすことになりやすい。こうした状況は日本のみならずグローバルに観察され、コロナショックに伴い米国で発生した人種問題に関するデモも、格差問題が背景にあると考えられる。

[図表 3-8]「**コロナ7業種**」の財務状況総括

	全体 （金融除く）	コロナ7業種
資金繰りの耐久力（年分）	1.48	0.89
自己資本比率	37.1%	26.2%
赤字転落の減収率	-13.7%	-7.2%

（出所）財務総合政策研究所「法人企業統計調査」（2018年度）
※金融・保険を除く、資本金1億円未満を中小企業として算出

[図表 3-9]「**コロナ7業種**」の雇用全体に占める割合（全体の36%）

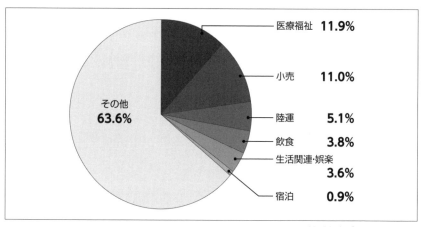

（出所）総務省「平成27年国勢調査」

[図表 3-10]「**コロナ7業種**」の企業収益全体に占める割合（売上2割、利益1割）

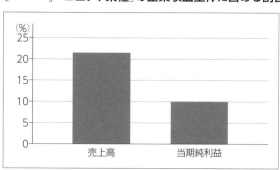

（出所）財務総合政策研究所「法人企業統計調査」（2018年度）
※金融・保険を除く

[図表3-11] **中小企業白書での業種別の生産性比較**

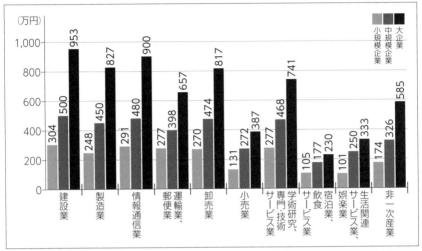

（出所）中小企業庁『2020年度版中小企業白書』

[図表3-12] **「コロナ7業種」の賃金**（平均との差額、月額）

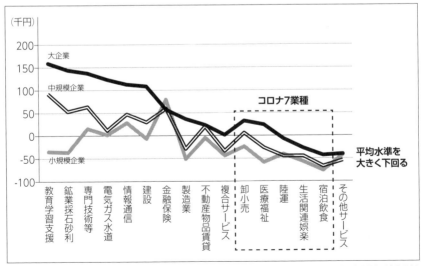

（出所）厚生労働省「賃金構造基本統計調査」（令和元年）

バブル崩壊では、不動産や株といった資産価格の上昇の恩恵を受けた「バブル3業種」や大手銀行など「経済的強者」とみなされた当事者の責任論が生じ、思いきった対策を進めることが困難だった。住専問題処理における公的資金投入に対する世論の猛反発がトラウマとなり、大手銀行への公的資金注入が遅れ、不良債権問題が金融危機へとつながってしまったのは象徴的なケースであった。これに対してコロナショックでは、数が多い「経済的弱者」が当事者であるだけに、その救済についてポピュリズムの観点からも政治的に対策が行われやすいという大きな違いが存在する。

求められる資本の供給

　「コロナ7業種」はコロナショックが収束しないなかで、どのような状況に追い込まれているのだろうか。

　図表3-14は産業別にみた雇用者数の推移だが、2020年に入り「コロナ7業種」の雇用者数がかつてないほど落ち込んでいることがわかる。リーマンショック時はほかの産業に比べて「コロナ7業種」の雇用者数はさほど減少しなかったのとは対照的である。「コロナ7業種」ではすでに雇用問題が顕現化し厳しさを増している。

　売上と利益の落ち込みも深刻である（図表3-15）。2020年4-9月期の「コロナ7業種」以外の売上・利益の落ち込みは約12%であるのに対して、「コロナ7業種」、特に宿泊・生活関連サービス、飲食の減少が際立っており、危機的状況に追い込まれつつある。

　「コロナ7業種」ではその事業の特性上、在庫をもつことが難しい。製造業であれば一時的に売上がなくなっても、在庫として抱えておくことで後日、販売できる。しかし、「コロナ7業種」は基本的にサービス業であるため、一度、

[図表 3-13]「コロナ7業種」の雇用形態別状況──非正規が多い

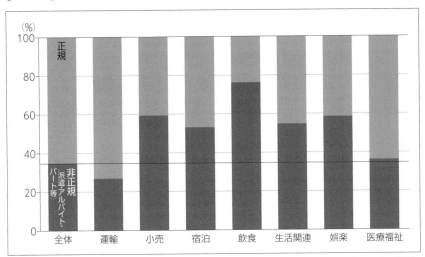

※役員・自営業者・家族従事者を除く

(出所) 総務省「平成27年国勢調査」

[図表 3-14] 産業別雇用者数と「コロナ7業種」

※産業区分の関係上、コロナ7業種に卸売業が含まれる。前年同月比の値

(出所) 総務省「労働力調査」

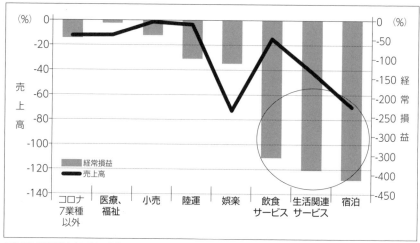

[図表3-15] **上期（4〜9月）の中小企業の売上高、経常損益**

※売上高、経常損益ともに前年同期比の値
※金融・保険を除く、資本金1,000万円以上1億円未満を中小企業として算出

（出所）財務総合政策研究所「法人企業統計調査」

売上を失ってしまえば、それを取り戻すことができない。例えば、飲食店であれば休業後、再開した店に来た顧客が倍の量を食べるわけではないので、休業期間中に失った売上が補完されることはない。その期間の売上の減少は損失となり、結局、資本の毀損につながる。

　そこで必要とされる金融サポートは損失を直接的に補填することである。具体的にはまず補助金であり、そして返済を迫られない資本性資金であろう。

　コロナショックが生じていた2020年4月、筆者は目の前で起こる深刻な問題に対し、中小企業に対して10兆円規模での資本のサポートを行うべきであるとの緊急提言を行った。具体的には、民間金融機関が企業に劣後ローンを中心とした資本性資金を供給し、その劣後ローンを公的資金で買い取る仕組みなど、一定程度、公的資金の活用も視野に入れるべきと考えた。売上の急減で企業倒産が急増する不安があるなか、資金繰り支援と資本の供給は急務と思われ

たからである。

　これに対し、実際の政策対応としては、無利子・無担保での緊急融資による支援が大規模に行われた。その額は2020年度上期だけで政府系・民間合計で約40兆円を上回る規模になったようである。こうした官民の総力を挙げた機動的な対応によって中小企業の倒産はひとまず回避され、市場は安定した。

　しかし、それは、問題を先送りしたに過ぎない面がある。前述のように、コロナショックによって消失した売上は元に戻らない以上、「コロナ7業種」をはじめとする中小企業への資金繰り支援は、赤字（毀損した資本）の穴埋めであり、それは本来、資本性資金として供給されるべきだからである。実際、2020年度の政府の第2次補正予算のメニューにも資本性資金の供給が加わっている。ところが、大半の支援は緊急融資の形態で行われており、結果的に中小企業は過小資本という状況が改善されないなかで、無利子・無担保ながらもさらなる負債（借金）を抱え込む過剰債務状況に陥っている（図表3-16）。

「バブル3業種」より桁違いに数が多い「コロナ7業種」

　バブル崩壊時の「バブル3業種」の再生は、貸し手であった大手銀行をはじめとする金融機関の大きな負担や損失処理を伴ったものではあったが、基本的には金利減免や債権放棄といった債務調整により過剰債務をいかに処理していくかがポイントだった。また過剰債務の裏側には不動産の問題があったが、債務調整によってその簿価が引き下げられれば、その不動産を活用して新たに事業をスタートさせることも可能だった。

　そうしたプロセスに誘導すべく、金融当局は金融検査マニュアルを厳格に運用し特別検査等の対応を行った。また、政府は産業再生機構などの器を作り、金融機関の不良債権処理と産業の再生を一体的に進める政策をとった。当時、

［図表3-16］ **コロナショックによるバランスシート調整と資金繰り支援の概念図**

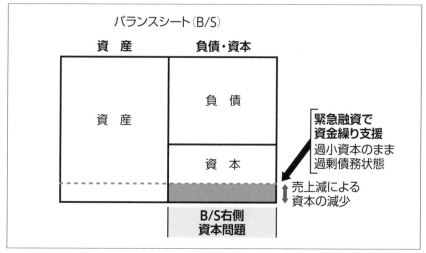

金融機関の不良債権問題は「バブル3業種」を中心に、「60社問題」「200社問題」などと言われたが、比較的限られた大口の案件に問題が集中していたために、政策対応もそれらに対して集中的なものとなった。

　一方、コロナショックでは、「コロナ7業種」をはじめ、多岐にわたる業種の中小零細企業にその影響が及んでいる。その数は、「バブル3業種」の「60社」、「200社」とは全く桁が違うレベルである。しかも、「コロナ7業種」は生産性が低いだけに、債務調整により債務カットを行ったり、また単純に資本を注入しただけでは再生は実現できず、事業そのものの収益力を改善させる構造改革を、企業ごとに別々の手法で行う必要がある。

　この点に関して筆者は「コロナ版産業政策本部」の設立を提言している。産業セクター別に所管官庁、金融・法務専門家、異業種関係者等も幅広く参画して現状評価と今後の方向性を検討する組織である。その際のカギは、コロナ危

機で影響が及ぶ多様な業種ごとに目利きができる専門家を幅広く集められるかどうかであろう。こうした全国レベルでの中小企業再生に向けた仕組みを省庁横断的に構築していくべきである。また、そこで集められたノウハウを全国の金融機関が共有できる事例集のようなものを作ることも重要である。

「コロナ7業種」再生の主役は地域銀行

バブル崩壊における事業再生は大口案件が中心であり、その大半は大手銀行が当事者となって対応した。地域銀行は、いわば「他人事」で済ますこともでき、それゆえ自らの損失が大きくならなかった面もある。前章で指摘したように、自行の債権をメイン寄せすることで、フリーライドすることも可能だった。

しかし、「コロナ7業種」は全国のあらゆる地域に存在しており、地域経済を支える重要な存在となっている以上、地域銀行自らが当事者となって「コロナ7業種」と向き合う覚悟が問われる。「コロナ7業種」はそもそも過小資本であったところに、資金繰り＝赤字補填資金を借り入れたため過剰債務にもなっている。危機対応のための無利子・無担保融資の据え置き期間は最大5年とされており、この時間軸を共有しながら問題を先送りしないような計画を立案し再生に取り組まなければならない。

その際には、将来の事業性を的確に評価する体制を強化すること、融資中心の資金提供に加えて資本性資金をどう提供・仲介してサポートするか、債務調整と事業構造改革をいかにして一体的に行うかが重要となる。また、事業再生が困難な中小企業については、早い段階での円滑な退出やその後の再挑戦のサポートなどの仕組みを作っていくことが求められる。「コロナ7業種再生劇場」の一方の主役は地域銀行であり、「コロナ7業種」の再生なくして地域の活性化はないとの認識が求められる。

地域銀行に対して、コロナショックで厳しい状況におかれている中小企業への支援を促すには一定の政策対応も必要になる。金融庁はすでに、金融機関が中小企業等の資金繰り支援を積極的に行えるよう監督上の指針を示している。2020年には金融機能強化法を改正して予防的な資本注入枠を12兆円から15兆円に拡大しており、こうした枠組みも活用しつつ、早期再生や円滑な退出・再挑戦を支援するような取り組みを促すとみられる。

また、コロナショックで生じた損失は取り戻すことが困難なゆえ、その穴埋めに補助金が給付されているが、補助金は究極の資本であり、本来であればその給付に当たっては一定の経営の規律付けが不可欠である。しかし、コロナショックではそうしたことを行うのは難しいだけに、メインバンクとして長年実現できなかった経営改革を迫っていくことも視野に入れるべきだろう。コロナショックでの中小企業の支援はすべてが地域銀行が対応するということではなく、外部のファンドなども含めた総合的な支援が必要となる。ただし、その包括的な窓口、基点はメインバンクの機能をもつ地域銀行の果たす役割が大きい。

地域における「資本の好循環」実現を

今回のコロナショックにおける危機の本質は、売上消失に伴う「コロナ7業種」を中心とした企業の深刻な資本消失である。コロナショックでは、資産価格の下落が限定的である点がバブル崩壊とは違っていると前述したが、その結果、マクロ全体では資本不足には陥っていないことは、バブル崩壊後との大きな違いと言える。

バブル崩壊やリーマンショックでは、不動産市場だけで1000兆円を超える大幅な資産価格の下落によって国内の資本は枯渇し、結局、海外から資本を取り込まざるをえない状況に追い込まれた。一方、今回のコロナショックでは現

[図表3-17] **コロナショックの二極化構造概念図**

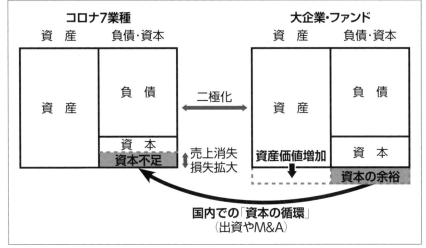

（出所）岡三証券作成

状、資産価格は株価を筆頭にコロナ前の水準に戻っており、国内の大企業を中
心に資本は温存されている。そうした大企業、ファンドの資本を、いかに「コ
ロナ7業種」のようなセクターに出資や買収といった形で「循環」させること
ができるかが課題である（図表3-17）。

　そこで求められる金融機能は、資本の「不足セクター」と資本の「余剰セク
ター」を仲介する「資本仲介」である。地域銀行も企業に対しての貸出で「資
金」を仲介するという機能に加えて、「資本」の仲介に積極的に関与し、同時
に事業構造改革をサポートしていく必要がある。地域銀行のコロナショック以
降の新常態とは、資本仲介と企業再生の実現にあると認識すべきだろう。第6
章で詳述する金融当局による業務範囲規制の見直しは、地域銀行がそうした業
務に対応できるようにするために行われるという側面もある。

　また、マクロ政策的にも事業構造改革を行う「潤滑油」として、大企業やフ

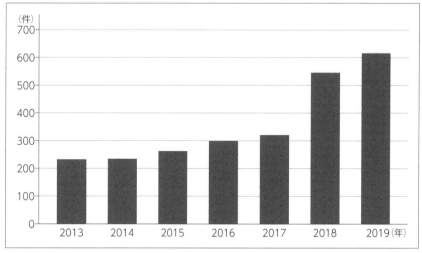

[図表3-18] 事業承継M&Aの件数

(出所)中小企業白書（2020年版）、レコフ

ァンドの「資本」を活用していくなど、資産インフレとも言われる好環境を前向きな構造改革につなげていくことが重要になる。

「コロナ7業種」と資本に余裕のある大企業の間の資本仲介は、M&Aによって実現されることも多いはずである。特に中小企業の後継者不足、事業承継が大きな課題となるなか、事業承継にからむM&Aは急増しており今後もこの傾向は続くことが予想される（図表3-18）。サーチファンドのように、個人が投資家から資金を募り企業を買収して経営を行う形式も増加が期待されるが、地域銀行にとっても地域での雇用確保や地元経済活性化、さらには自らの顧客基盤の維持といった観点で積極的に取り組むべき分野である。

　実際、M&A仲介を専門に行う企業の業績の堅調ぶりが話題になることが多い。業界最大手の企業の時価総額が1兆円を超えていることからも、いかに中小企業を中心にM&Aのニーズが多くあり、それを仲介する企業を市場が評価

しているかを示す。もっともそれは、中小企業のM&Aニーズに既存の金融機関が応えられていなかったかということの裏返しでもある。地域銀行は貸出市場というレッド・オーシャンで低金利競争に明け暮れるのではなく、その外側に存在する新たな市場にアプローチしていかなければならないことを示す一例と言える。

地域銀行にとって、地域における「資本の好循環」を実現することは、地域密着型投資銀行業務へのチャレンジと言える。コロナショックで中小企業が必要としているのは単なる融資での運転資金のみならず、資本性資金である。その資金を出資やファンドの活用などによって提供していかなければならない。

コロナ対応の緊急融資は実質的に赤字補填資金である。据え置き期間の5年が過ぎれば存続が危ぶまれる企業も多いなか、金融機関にはまず、その企業が5年後も生き残れるかどうかの事業性評価を通した目利きが求められる。それは地域銀行自身が5年の猶予期間後に増加しうる償却負担に耐えられるかを見極めることでもある。

地域銀行の関係者は、無利子・無担保融資はメイン銀行よりもむしろ非メイン銀行が積極的に行っているケースが多いと指摘する。その結果、メイン銀行はやや引き気味になってしまう状況もあるという。5年間の猶予期間終了後のことを考えると、メイン機能が働きにくい空白の状況が生じるリスクの存在は避けなければならない。爆弾を処理する人がいなくなってしまうからである。

バブル崩壊後の不良債権処理で学んだ大きな教訓の一つは、問題を先送りすることの怖さである。コロナショックではそうした教訓を地域銀行がどう活かすかが問われている。

中小企業再生にサービサーの活用を

　債務超過に陥ってしまった中小企業の再生に関して、金融庁監督局地域金融企画室長の日下智晴氏は、サービサーと連携し、金融機関が資本性資金を供給する以下のようなスキームを提案している。

　まず、金融機関（メインバンク）は全額引当をしたうえで融資債権をサービサーに売却する（債権カット）。その際にはサービサーを通じた債務調整を行うことも選択肢になろう。サービサーはその債権をＤＥＳで普通株式に転換・保有し、再生支援を行ったうえでその株式をメインバンクに売却する。ここでのポイントは、企業の債務超過を金融機関の債権カットで解消させるとともに、メインバンクが普通株式の取得により支配権を明示的にもつことにある。その後、ハンズオン（実際に支援先企業に人材を派遣して経営をサポートすること）の支援を行い、企業の事業価値が向上しメインバンクが保有する株式の持ち分相当額が債権カット額を上回れば、経営者に株式を売り戻すなどして金融機関は無傷で再生支援を完了できる。以上のプロセスのなかでサービサーは再生に不可欠なアイテムであり、今後、地域銀行による設立が相次ぐと考えられる。

　金融機関が企業から受け取る利息や手数料はすべてその企業の利益が源泉である。日下氏が提案するような能動的な再生支援を行うことで企業が新たな価値を生み出し、そのリターンを金融機関がキャピタルゲインの形で得ることも金融仲介機能の発揮と言える。

第4章

コロナショックと
地域銀行

基礎的収益力低下に追い打ち

ダメージ大きい地域銀行

　これまでの議論で、コロナショックによるダメージは中小企業ほど大きく、地域銀行に影響が及びやすいとした。地銀の融資残高に占める「コロナ7業種」向けの割合は約22%であり、国内銀行全体の約16%と比べ高い（図表4-1）。地域銀行は基本的に運用難の状況にあったところにコロナショックによる貸出先の再生支援、信用コスト上昇懸念という課題を抱えることになった。

　まず、地域銀行の収益状況を確認しておこう。図表4-2は地域銀行の収支状況を示したものである。コロナショック以前から当期純利益は趨勢的に減少し続けていることがわかる。

　地域銀行の苦境をより端的に示すのは、銀行の本業利益とされるコア業務純益の推移である。図表4-3に示すように、ピークだった2006年の約2兆円から2019年には約1.2兆円へと4割近く減少している。低金利状況下、このトレンドは今後も続くとみられる。

　収益力低下の最大の要因は、貸出を中心とした資金利益の減少である（図表4-4）。その一方で有価証券利息配当金は一定の水準を保っており、結果的に収益を有価証券運用に依存する構造が強まっている。

　地域銀行の資金利益が低下しているのは、預貸利ザヤが縮小しているからである（図表4-5）。地域銀行は貸出業務が「本業」であり、その依存度合いはなお高いため、利ザヤの縮小は強烈なボディブローとなっている。

「コロナ7業種」の返済可能性

　こうしたなか、この間は信用コストが低位安定していたことが地域銀行の収益を下支えしてきた（図表4-6）。しかし、今後は「コロナ7業種」向け貸出の

[図表 4-1] **融資に占める「コロナ7業種」の割合**

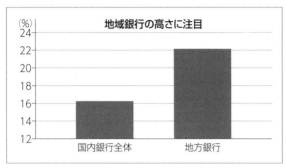

(出所)日本銀行「貸出先別貸出金」、
全国地方銀行協会
※一部データは岡三証券推計
※2019年3月末時点(地方銀行は2018
年3月末時点)

[図表 4-2] **地域銀行の当期純利益推移**

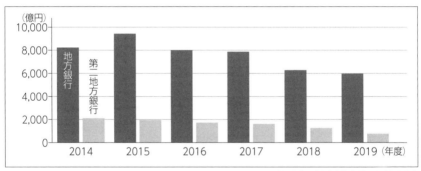

(出所)全国地方銀行協会、第二地方銀行協会

[図表 4-3] **地域銀行のコア業務純益推移──低下傾向続く**

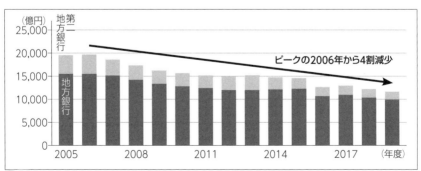

※コア業務純益=業務粗利益-経費-国債等債券関連損益　　　　　　　(出所)全国地方銀行協会、第二地方銀行協会

[図表 4-4] **地域銀行の資金利益推移──有価証券運用への依存高まる**

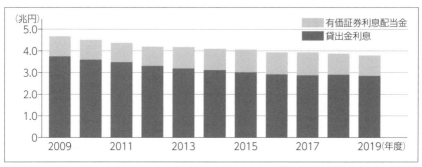

[図表 4-5] **地域銀行の預貸利ザヤの推移**

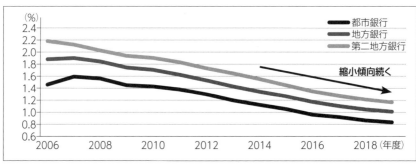

※預貸利ザヤ=貸出金利回り−預金債券等利回り　　　　　　　　　

[図表 4-6] **地域銀行の信用コストの推移──これまでは安定していたが**

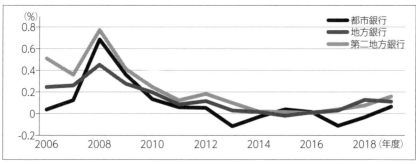

※信用コスト= 与信関連費用÷貸出金残高

[図表4-7] **中小企業の資金繰り支援の返済必要年数**（試算）
　　　　　──コロナ7業種の返済可能性は劣る

業　　種	固定費		資金繰り支援 最大必要額	平時の年間CF	返済必要年数 （年）
	1年分	2年分			
飲食サービス業	5.6	11.2	8.58	0.3	28.6
生活関連サービス業	5.7	11.5	7.99	0.6	13.9
医療福祉業	2.8	5.7	3.54	0.3	12.6
娯楽業	1.8	3.7	1.74	0.1	12.0
宿泊業	2.4	4.7	3.39	0.3	10.7
陸運業	8.4	16.8	10.39	1.2	8.5
小売業	16.4	32.9	12.32	2.2	5.5
全産業 （除く金融保険業）	141.8	283.6	74.24	25.4	2.9

※返済必要年数以外の単位は兆円
※金融・保険を除く、資本金1億円未満を中小企業として算出
※最大必要額は2年分の固定費 − 手元資産、CFは当期純利益 − 配当金 ＋ 減価償却費として試算

（出所）財務総合政策研究所「法人企業統計調査」(2018年度)

信用コスト上昇が懸念される。その結果、地域銀行では預貸利ザヤ縮小による
基礎的収益力の低下に加え、信用コスト上昇による負担増という「二重苦」の
状況になりかねない。

　ここでコロナショックに対応すべく政策系金融機関、民間金融機関あわせて
50兆円以上実行された無利子・無担保融資の返済可能性を検討してみたい。

　図表4-7の試算は、2020年、2021年の2年間にわたり売上がないと仮定し、
そこで生じうる固定費を平時のキャッシュフローで資金繰りのための借入金を
償還できる年数を比較したものである。全産業と比較して「コロナ7業種」の
返済必要年数が長く、なかでも、飲食、生活関連、医療福祉、娯楽、宿泊につ
いては返済可能性がかなり劣ることがわかる。

　バブル崩壊後に発生したのは資産価格の下落を起点とするバランスシート調
整だったのに対して、コロナショックでは「コロナ7業種」を中心に売上消失

というフローの危機に直面している。そもそも「コロナ7業種」は「薄利多売」で平時のキャッシュフローも決して潤沢ではないため、たとえ売上が元の水準に戻ったとしても今回、追加的に借り入れた緊急融資を返済していくことは難しいということをこの試算は示している。

貸出態度の緩和姿勢と信用リスクの高まり

2020年9月の日銀短観によれば、金融機関の貸出態度悪化はリーマンショック時と比べて限定的である（図表4-8）。

一方、企業の資金繰りは、やや改善したとはいえ、なお、かなり悪化した状況が続いている（図表4-9）。

金融機関の貸出態度判断と企業の資金繰り状況を比較し（貸出態度－資金繰り）、「実質貸出態度状況」の推移を示したのが図表4-10である。これをみると足許の「実質貸出態度状況」は緩和された状況にあることがわかる。特にリーマンショック時と比べるとその緩和度合いは顕著である。

こうした金融機関の貸出スタンスは、危機時においても金融仲介機能を十分果たしたとして評価されるべきであろう。東京商工リサーチの調べによれば、2020年12月の企業倒産件数は前年同月比21％減の558件と、6ヵ月連続の減少となった。12月としては、バブル崩壊前の1989年以来の低水準だった。官民挙げた資金繰り支援が奏功したと思われる。

一方、金融機関のリスク管理の観点からみて、「コロナ7業種」向け貸出の返済可能性が懸念される状況のなかで貸出姿勢を緩和させることは、さらに一層、信用リスクを高めることになる。

筆者も銀行時代に従事していた融資審査において、資金使途と償還原資の確認はイロハのイである。「コロナ7業種」向けの融資は、①資金使途は赤字補填、

[図表 4-8] **金融機関の貸出態度判断DI**

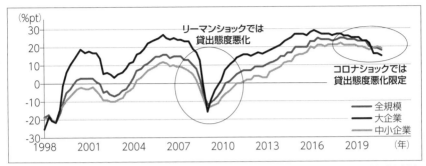

（出所）日本銀行「全国企業短期経済観測調査」

[図表 4-9] **金融機関の資金繰り判断DI**

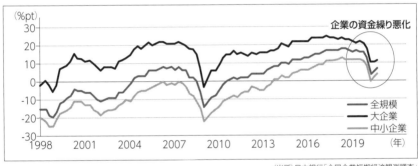

（出所）日本銀行「全国企業短期経済観測調査」

[図表 4-10] **実質貸出態度状況（貸出態度 － 資金繰り）**

（出所）日本銀行「全国企業短期経済観測調査」

②返済原資はコロナ禍で説得力のある将来キャッシュフローが描きにくい。このため、教科書的な説明ではとても審査は通らない。しかし、実際には2020年上期までで40兆円以上の緊急融資が実行されている。「コロナ7業種」向け融資の返済可能性の低さを考え合わせると、「実質貸出態度」の緩和的状況は将来の信用コストを高めるリスクを秘めている。

　また、無利子・無担保の緊急融資も3年後には利払いが発生する。その際、どのように債務調整を分担するかの議論が必要になるだろう。政府系金融機関は法律上の制約から債務調整には柔軟に対応しにくい面があることから、結果的に倒産の引き金を引いてしまったり、民間金融機関が多くの負担を強いられる可能性についても注意すべきである。政府系金融機関や信用保証協会など公的セクターの対応について、今後、新たな制度対応の検討の必要があるだろう。

バランスシート問題研究会の提言

　2020年9月10日、「コロナ危機下のバランスシート問題研究会提言－事業構造改革の加速による成長実現戦略－」が公表された。そこでは、官民による無利子・無担保融資の利払い・元本返済の実質猶予期間である3年〜5年の間に、事業構造改革と債務調整に一体的に取り組むよう提言している。また、コロナ危機に伴う大きな社会変化も踏まえ、事業再生のための法制度を改めて整備するよう求めている。

　筆者も含め「コロナ危機下のバランスシート問題研究会」の10人のメンバーは、バブル崩壊後の資産デフレに伴うバランスシート調整や「失われた10年」をさまざまな立場で経験してきた。企業は過剰債務を抱えた結果、新規投資を行えず、事業が劣化し、長期的な経済低迷に陥ったのがバブル崩壊後の日本経済の姿だった。メンバーにはバランスシート調整に伴う「過剰債務の罠」によ

る長期の経済低迷を再び繰り返してはならないとの共通認識が強くあった。

　同提言ではコロナショック後の債務調整メカニズムのあり方として、①中小企業再生支援協議会の体制を強化し再生ファンドと有機的な連携を行うこと、②中小企業版私的整理ガイドラインの策定、③私的整理、民事再生法のハイブリッド的な新しい法的枠組みを創設すること―――などを提案している。そのなかには「金融債権者の多数決 + 裁判所認可」によって迅速に債務調整が行える仕組みの整備も盛り込まれている。

　バブル期の教訓の一つは、金融機関が事業再生にとって不可欠な既存債権への対応を先送りしやすいことにあった。コロナショックでは、中小零細企業向けの早期再生支援に取り組み、それが困難な場合には円滑な早期退出とその後の再挑戦をサポートすることが重要になる。

コロナショックと昭和金融恐慌

　コロナショックの影響は全国津々浦々に及んでいるが、そうした状況を鑑みるに、昭和金融恐慌後、地域銀行を中心とした業態に大きな変化が生じたことも想起すべきだろう。

　『昭和金融恐慌史』（高橋亀吉・森垣淑著、講談社学術文庫）は筆者が1990年代から繰り返し読み返してきた1冊である。コロナショックのなかで改めて読み直し、地域銀行への教訓を探ってみた。

　筆者が、気になったのは、昭和金融恐慌後の震災手形への対応と金融機関の変容である。

　まずは、震災手形への対応である。1923年に起こった関東大震災によって日本経済はマヒ状態となった。そこで政府は、特に信用途絶への対応として流通不能化した手形を流動化すべく、震災手形割引損失補償令を公布した。これ

は、震災のために決済が困難になった手形を日銀が再割引するもので一種の日銀特融であった。関東大震災という未曽有の大惨事のなかでは当然の措置であったが、実際には震災とは無関係な、すでに経営が困難になっていた企業の手形も大規模に混入し、そうした企業の延命手段として悪用され、整理が先送りされてしまった。

筆者の問題意識は、コロナショックにおいても、「コロナ7業種」向けの無利子・無担保の資金繰り支援の融資によって、それらの業種が従来から抱えていた非効率性への対応が先送りされてしまうことにならないか、という点にある。

では、どのように出口を考えるべきなのか。歴史を振り返り考えてみたい。『昭和金融恐慌史』では昭和恐慌が金融市場に及ぼした影響として以下の5点を指摘している（図表4-11）。

『昭和金融恐慌史』によると、1927年には普通銀行の預貸率が100％を超えていたのが、恐慌後の1929年には70％台まで急速に低下している。これは、大震災後に一時的な資金需要が生じても、その後の恐慌によって急速に低下したことを示している。その結果、多くの銀行が有価証券投資に向かったとされる。また、資金需要低下の影響もあり、低金利が続いた。

コロナショックにおいても、危機直後は一時的に資金繰り支援の緊急融資が伸びたが、危機が沈静化すれば融資は伸び悩み「預貸ギャップ」がさらに大幅に拡大するとみられる。

また昭和金融恐慌後は、地域金融機関を中心に信用の低下に伴う預金の流出が進み、大銀行への資金集中が生じた。同時に、地方から大都市への資金シフトも加速した。

コロナショックでも、その影響が地方や中小企業に及びやすいなかでは、資

［図表4-11］ **昭和恐慌が金融市場に及ぼした影響**

1. 恐慌沈静後の資金需要の減退と銀行の預貸率低下と運用難
   （有価証券投資拡大）
2. 異常な低金利時代の出現
3. 預金の大銀行集中の急進展
4. 資金の大都市集中
5. 金融緩慢下の中小企業の金融難

（出所）『昭和金融恐慌史』（高橋亀吉・森垣淑著、講談社学術文庫）より岡三証券作成

金が大手銀行や大都市シフトしやすい構造は類似している。人口高齢化の進展のなかで相続による大都市への資金シフトがかねてより指摘されているが、コロナショックでも大都市への資金集中が加速する可能性があることは、念頭に置くべきである。

　地銀の一県一行主義は昭和金融恐慌後の資金流出のなかで地域銀行の集約を意図して行われた。同じようにコロナショックも地域銀行再編の一つのきっかけになる可能性がある。

『昭和金融恐慌史』では、中小銀行が預金の流出によって資金繰りに苦しんだため、その取引先であった中小企業が金融難に陥ったことも指摘している。当時、政府は政府系金融機関を通じた資金対策を行ったが、十分な対応にならず、中小企業の整理、大企業の拡大につながったとしている。コロナショックでも「コロナ7業種」を中心に中小企業の資金繰りはひっ迫しているのに対して、大企業は財務面では自己資本が厚く余裕がある点は当時と同じである。

　コロナショックに見舞われている現在、100年近く前の昭和金融恐慌から学ぶべき点は多い。また、昭和金融恐慌は1919 〜 1920年の世界的なスペイン

風邪の流行後に起きたという歴史の共通性も興味深い。

　コロナショックに対応した無利子・無担保の緊急融資を関東大震災後の震災手形と同じような先送り策にならないように歴史の教訓に学ぶ必要があるだろう。

第5章

経営環境の構造変化

楽観的見通しとの決別を

第1の構造変化〜人口減少と高齢化の加速

　本章では地域銀行を巡る経営環境の変化、構造変化について改めて考えてみる。ここでは大きく分けて4つほど指摘したい。第1は人口の減少と高齢化。第2は企業セクターが資金余剰部門に転換したマネーフローの変化。第3は「金利水没」。第4はデジタル化の潮流である。この4つの要因にコロナショックが加わったのが現在の状況である。

　これら変化の潮流は一時的なものではなく、今後も続き、かつ大きなうねりとなっていくだろう。これまでは、「今の状況は異常だ」、「いずれ元に戻る」との楽観的見通しが自己改革を妨げてきたが、もはやそれは言い訳でしかないということである。

　図表5-1は日本の人口の推移である。日本はすでに人口減少社会に転じている。特に地方ではそのスピードが加速し、大都市との間で二極化が進んでいる（図表5-2）。多くの地方で人口の減少がますます拡大する状況にあり、図表では扇が開くような形になっている点に注目する必要がある。

　人口の減少は地域銀行を巡る経営環境の変化として最も基本的で、かつ最大の問題である。今後、貸出先を含めた顧客数の減少、貸出・預金の減少につながっていく可能性がある。また、人口減少により地域の不動産価格も下落する恐れがある。自らの地盤、マーケットが縮小していくという意味で地域銀行の経営に直接的な影響が及ぶのは確実である。

「波平さんモデル」から「人生百年モデル」へ

　高齢社会に突入し、社会保障制度をはじめ戦後の社会の仕組み・制度の前提であったわれわれの常識が通用しなくなることを、筆者は「波平さんモデル」

[図表5-1] **日本の人口と人口増減率**

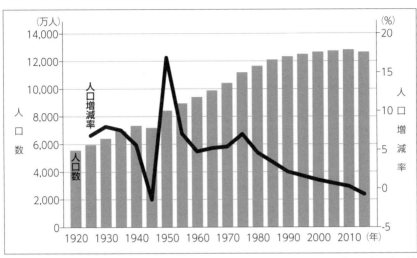

（出所）総務省「国勢調査」（平成27年）

から「人生百年モデル」への転換として議論してきた。

「波平さん」とは1950年代から人気の出た国民的な漫画である『サザエさん』のお父さんであり、年齢は54歳とされている。終戦直後、サラリーマンの一般的な定年は55歳、男性の平均寿命は60歳に達していなかったことを考えると、波平さんの年齢は常識的な設定だった。

当時、想定された人生設計モデル（「波平さんモデル」）では人生の概ねすべての期間を現役世代で完結し、事実上、老後はなく、年金も老人医療もほとんど必要ない状況だった。それが今や男性の平均寿命は80歳を超え、定年以降の老後が20年近くもある「人生百年モデル」へと転換したのである（図表5-3）。

企業セクターの資金不足部門から資金余剰部門への転換、そこに高齢社会への突入が加わり、「人生百年モデル」における金融の大動脈は、現役世代のなかで預金者と企業を銀行が資金仲介する企業金融から、現役世代と高齢者とい

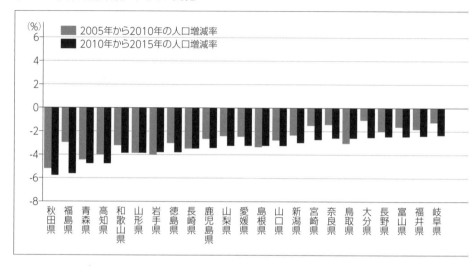

［図表 5-2］**都道府県別の人口の変化**

(%)
凡例：
2005年から2010年の人口増減率
2010年から2015年の人口増減率

秋田県　福島県　青森県　高知県　和歌山県　山形県　岩手県　徳島県　長崎県　鹿児島県　山梨県　愛媛県　島根県　山口県　新潟県　宮崎県　奈良県　鳥取県　大分県　長野県　富山県　福井県　岐阜県

う世代間をつなぐルートにおける金融仲介、すなわち世代間金融へと転換している。

　高齢化は2025年に団塊の世代が75歳となり後期高齢者の仲間入りする「2025年問題」に象徴されるようにさらに進展する。したがって今後は地域銀行においても年金や資産運用、相続、事業承継などの業務が中心になる（図表5-4）。求められているのは、従来の企業金融ではなく、多様な金融ニーズに対応する信託、プライベートバンキングなどのビジネスモデルである。

画一的単線モデルから複線系モデルへの転換

　また、戦後の「波平さんモデル」では、学校卒業－就職－結婚－住宅取得－定年といった、画一的なライフスタイルが暗黙裡に想定されていた。銀行は顧

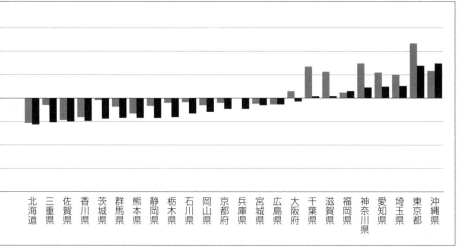

北海道 三重県 佐賀県 香川県 茨城県 群馬県 熊本県 静岡県 栃木県 石川県 岡山県 京都府 兵庫県 宮城県 広島県 大阪府 千葉県 滋賀県 福岡県 神奈川県 愛知県 埼玉県 東京都 沖縄県

（出所）総務省「国勢調査（平成22、27年）」

[図表 5-3] **戦後日本の平均寿命の推移**

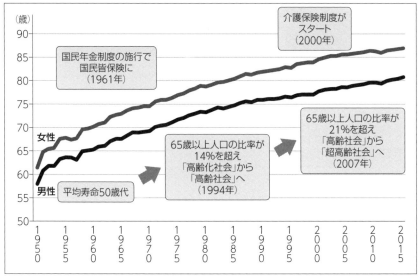

（歳）

介護保険制度が
スタート
（2000年）

国民年金制度の施行で
国民皆保険に
（1961年）

女性

男性　平均寿命50歳代

65歳以上人口の比率が
14%を超え
「高齢化社会」から
「高齢社会」へ
（1994年）

65歳以上人口の比率が
21%を超え
「高齢社会」から
「超高齢社会」へ
（2007年）

（出所）厚生労働省

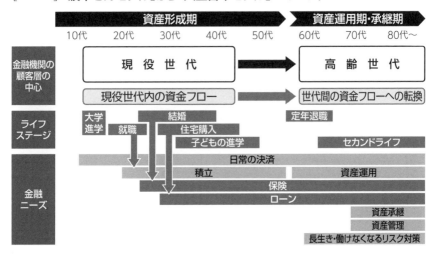

[図表 5-4]「波平さんモデル」から「人生百年モデル」へのシフト

資産形成期　資産運用期・承継期

| 10代 | 20代 | 30代 | 40代 | 50代 | 60代 | 70代 | 80代〜 |

金融機関の顧客層の中心

現 役 世 代　→　高 齢 世 代

現役世代内の資金フロー　→　世代間の資金フローへの転換

ライフステージ

大学進学／就職／結婚／住宅購入／子どもの進学／定年退職／セカンドライフ

金融ニーズ

日常の決済
積立　資産運用
保険
ローン
資産承継
資産管理
長生き・働けなくなるリスク対策

（出所）岡三証券作成

客の就職段階で職域営業等を通じて預金口座を獲得すれば、その後、ライフイベントのなかでビジネスチャンスをトコロテン式に確保することができた。また、支店を中心とした預金調達のネットワークも画一的なライフサイクルに対応してできあがった。「波平さんモデル」のなかでは、銀行はいかにして預金を集めるかが最大の戦略だったのである。

　これに対して今では、未婚者が大幅に増加するなど、一人一人が思い描く人生設計はきわめて多様化している。その結果、金融サービスにおいてもオーダーメイドでの対応、すなわち、複線系モデルへの転換が必要となっている（図表5-5）。

　複線系モデルでは、金融機関の「供給者ありきのサービス提供」から、家計を中心とした「需要者のニーズ本位のサービス提供」へと切り替えを図っていかなければならない。

[図表5-5] **画一的モデルから複線系モデルへの転換**

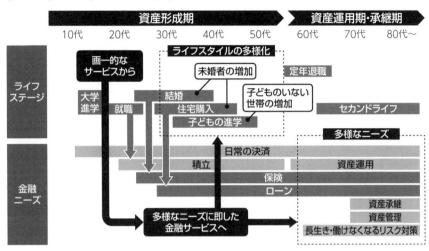

（出所）岡三証券作成

　これはフィデューシャリー・デューティーの考え方の基本ともなる。金融庁
金融審議会市場ワーキング・グループ（WG）は2020年8月に「顧客本位の業務
運営の進展に向けて」と題する報告書を取りまとめたが、そこでは顧客本位の
業務運営の観点から、高齢顧客のニーズにも応えていくことを金融機関に求め
ている。また、預金も多様な金融商品のなかの一つと位置付け、顧客のニーズ
に沿うようなコンサルタント的対応の重要性も指摘している（図表5-6）。今後
は「銀行員」のあり方も変わっていくことになるだろう。

　かつては地域銀行を含め金融機関における個人顧客向けの商品・サービスと
いえば、単純な預金やローンだけで、それを顧客のニーズは二の次にして、一
方的に勧める供給者ありき、業者ファーストの「B2C」の状況だった。しかも、
「1年定期の金利はどの銀行も同じ」といったように、預金にしてもローンに
しても金利や基本的な商品内容は同じで、顧客はセールスマンの人柄や熱意を

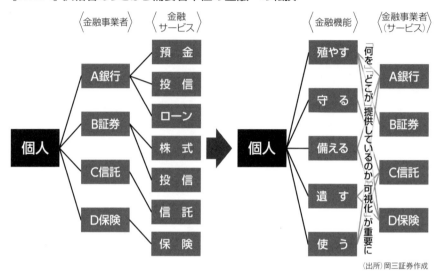

（出所）岡三証券作成

比較することはあっても、商品そのものを比較し、自分のニーズに合う商品はどれかといったことを検討する必要はなかった。

　しかし今では顧客のニーズの多様化と規制緩和の進展が相まって地域銀行が提供している商品・サービスのラインアップは大きく増加している。顧客の「お金を預けたい」というニーズに応える場合でも、預金、投資信託、保険商品など、様々なメニューの中から顧客に最もふさわしい商品を提供していかなければならない。すなわち、かつての業者ファーストから顧客ファースト、顧客起点という「C2B」へとマーケティングのベースが180度切り替わっているのである。

　そこでは、「どのような」商品を、「どの銀行が」提供しているかが一覧性のある形で可視化されることが重要になる。前述した金融審議会市場WGの報告書の中では、金融商品等に対するリスクや手数料、利益相反等の情報を比較できるように、各業者・商品毎の共通の情報提供フォーム（重要情報シート）の導

入を求めている。こうした対応も「業者ファースト」から「顧客ファースト」へ発想の転換を促すことになるだろう。また。「顧客ファースト」への発想の転換は、結果的に「預金ファースト」へのこだわりを薄めることになると思われる。

「顧客ファースト」の実践では、そのニーズを把握するためにも顧客に寄り添う姿勢が求められる。特に地域銀行では高齢顧客の比率が高いだけに重要なポイントである。かつては家族のなかに祖父や祖母がいて高齢者と日常的に接する機会があったが、核家族化した家庭環境で育った世代は高齢者との対応に慣れていない行員も多い。それだけに、ジェントロジーの知識など高齢者に寄り添う姿勢を組織的に習得していく必要がある。

2020年12月に取りまとめられた金融審議会銀行制度等ワーキンググループ（WG）の報告書（第6章参照）では、銀行の業務範囲規制見直しのメニューの一つとして、営業職員が渉外業務の際に行う高齢者などの日常生活の支援（いわゆる「見守りサービス」）を銀行本体の付随業務として認める方針を打ち出している。地域銀行が行う高齢者向けの金融サービスは顧客にとってライフライン、必需品としての性格を帯びている。それだけに、そうしたサービスを自らの銀行の競争力の一つとして位置付け、創意工夫を図っていくことは重要な経営戦略である。地域銀行にとって高齢化という構造変化はマイナス要因だけでなく、関連ビジネスを積極的に展開していくチャンスであるとの逆転の発想が求められる。

従来の固定観念から脱する必要

人口の減少、高齢社会への突入は先進国に共通してみられる現象であり、その意味で日本はそうした課題に関してフロントランナーである。「追いつけ、

追い越せ」を合言葉とした戦後の高度経済成長は見習うべき経済モデル、国が存在したが、人口減少、高齢社会のなかでいかにして持続的な成長を続けていくかという難題への対応は、自らが新たな経済社会のデザインを描いていくしかない。そこでは地域銀行のあり方についても従来の常識や固定観念から脱して考えていく必要がある。

「老後2000万円問題」として話題になった金融審議会市場WGの報告書（2019年）も、「人生百年モデル」に転換したなかでの新たな金融のあり方を従来の固定観念にはとらわれずに問題提起した内容だった。同時に、現役世代、定年前後の世代、高齢者世代がそれぞれどう金融の課題に向き合うかをまとめていた。

　同レポートは残念ながら、金融担当大臣には受け取ってもらえなかったが、資産運用への関心が高まったことは一つの成果であったと思う。筆者も同グループで議論に参加した一人として、資産運用に関する世代ごとの課題を真剣に議論した同報告書をできるだけ幅広い方々に読んでいただきたいと考えている。

　今後、高齢者にいかに向き合っていくかは地域銀行のみならず、日本の金融サービス業にとって大きな課題になる。高齢者にとって、自らの財産を守ることは最も基本的なニーズである。金融機関において高齢者対応はとかく問題を起こさないようにする、「苦情処理」的で後ろ向きな業務として扱われやすい。そうした状態から脱却し、例えば、医療・介護といった異業種と連携し高齢者関連サービスを金融機関がワンストップで提供していくなどの工夫が期待される。特に、地域銀行の場合、高齢顧客を多く抱えるだけに、そうしたサービスに対する顧客ニーズも高いのではないだろうか。

第2の構造変化〜企業セクターが資金余剰部門に転換

　第2の構造変化は企業が資金余剰部門へ転じたことだ。前述のように、戦後、

[図表 5-7] ISバランス推移

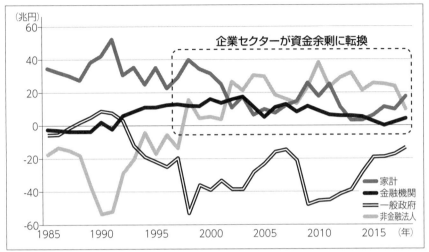

（出所）内閣府、1993年以前は旧基準、直近は2018年

想定されていた金融仲介は、IS（貯蓄・投資）バランス上、企業セクターが資金不足主体で旺盛な資金需要が存在していたことを前提に、家計を中心とした資金余剰部門から銀行が預金を取り込み、それを企業セクターに仲介するモデルだった。今から約40年前、筆者が銀行に就職した時、銀行の仕事と言えば、家計から預金で資金をお預かりし、それを原資に企業に貸出をすることだったし、金融の教科書には今でも、そうした企業金融を中心とした金融仲介モデルが銀行ビジネスの本質であるように書かれている。

　しかし、現実には、1990年代以降、企業セクターは資金不足部門から資金余剰部門へと転じた。そして「バブル崩壊後の一時的現象であり、やがて企業セクターは資金不足部門に戻る」と言われ続けながら、すでに30年近くの時間が経過した（図表5-7）。こうした企業セクターの資金余剰の状況は、欧米先進国でも同様にみられ、今後も解消することはないと思われる。

銀行の経営計画も、いずれ企業の資金需要は回復するとの見通しで策定されてきたが、そうした希望的観測はいつまで待っても現実のものとはならないだろう。

　そもそも、資金余剰の状態にある企業に対して銀行が「お金を借りませんか」というのは、さながら「南極で氷を売る」ようなものだ。しかし、現実には過去30年近く、多くの銀行は「南極で氷」を売り続けてきた。そして、南極で氷を売っているにもかかわらず、依然として貸出は銀行にとって「本業」「命」であり、銀行内部の人事や組織も貸出業務を重視するヒエラルキー、つまり、貸出で成果を上げた人ほど偉くなるといった力学が存在した。

　今日、資金余剰の状態にある企業が求めるお金は、従来のようなローンではない。「南極でも必要とされる氷」は、同じ氷でも例えば「色が付いた氷」であったり、「香りがする氷」であり、それは特別な機能を有する希少な「資本」と考えられる。

　実際、バブル崩壊後、バランスシート調整のなかで企業が求めたのも資本であった。しかし現実には、銀行は、資本制約のなかで保有していた企業の株式を売却し、一方で企業が必要としていなかったローンをまるで「押し売り」のように貸し出した。その結果、企業は本当に必要とする資本を海外投資家に依存し、外国人株主比率が急速に上昇した。銀行は長年、企業が求めるニーズとは真逆のことを行ってきたことになる。

　現在、コロナショックのなかで、再び「コロナ7業種」を中心とした企業の「資本」の毀損問題が生じており、金融機関が「資本」を仲介することが重要になっている。まず、金融機関自らが資本性資金を供給すること、同時に、資本に余裕がある経済主体からの投資を呼び込むことが期待される。企業側も資本を充実させるために、積極的に資本提携を行う必要がある。また高齢化のなかで事業承継を仲介することも重要な役割の一つである。

第3の構造変化〜世界各国に広がる「金利水没」

第3の環境変化が「金利水没」、超低金利状況の出現である。図表5-8は世界各国の金利の「水没」マップである。筆者は2014年に欧州中央銀行（ECB）がマイナス金利政策を導入したことをきっかけにこの「水没マップ」の作成を始めたが、それから7年近くが経過して水没地域は大きく拡大した。ここで「水没」とはマイナス金利を示すものであり、濃い色で示している。また、1%以下の金利は薄い色で示されており、「水没」はしていないが、さながら「床下浸水」のような状況と捉えてよい。

筆者が今から20年前に住友謙一氏と共に『国債暴落』を上梓した際、その冒頭で、日本の10年長期金利が人類始まって以来の最低金利を更新し、ギネスブック入りの状況であることを紹介した。それまで最低金利とされたのは、1517年、イタリアのジェノバでの1.17%であったが、その記録が1990年代後半の日本で破られ、その後、日本ではマイナス金利にまで突入した。

つまり、現在の金利水準は、人類の歴史のなかで初めてのことなのである。今日の銀行を取り巻く金利環境は「厳しい」の一言で片づけられがちだが、地域銀行経営は人類の歴史でかつてなかった事態に見舞われており、もはやそれが当たり前になっているという現実を改めて認識しなければならない。

2021年1月は日銀がマイナス金利政策の導入を決定してから「5周年」となり多くのメディアがその効果と副作用について特集したが、今の状況のままだとすると「10周年」も越える可能性があるだろう。

真のリスクは「金利が上がらない」こと

こうした超低金利状態を「債券バブル」と呼んで久しいが、図表5-9に示す

[図表 5-8] **世界の金利「水没」マップ**

	1年	2年	3年	4年	5年	6年	7年	8年
オ ラ ン ダ	-0.71	-0.70	-0.74	-0.72	-0.70	-0.67	-0.62	-0.56
ス イ ス	-0.79	-0.78	-0.74	-0.70	-0.66	-0.61	-0.59	-0.53
ド イ ツ	-0.64	-0.73	-0.77	-0.77	-0.73	-0.73	-0.69	-0.64
フィンランド	-0.77	-0.76	-0.70	-0.70	-0.66	-0.64	-0.57	-0.49
デンマーク	-0.61	-0.57	-0.61	-0.57	-0.54	-0.51	-0.49	-0.46
オーストリア	-0.62	-0.66	-0.67	-0.66	-0.66	-0.60	-0.58	-0.53
アイルランド	-0.47	-0.65	-0.63	-0.61	-0.55	-0.48	-0.41	-0.44
フ ラ ン ス	-0.62	-0.69	-0.68	-0.64	-0.59	-0.53	-0.47	-0.39
ポ ル ト ガ ル	-0.52	-0.69	-0.61	-0.52	-0.44	-0.35	-0.24	-0.16
ス ペ イ ン	-0.49	-0.53	-0.54	-0.47	-0.44	-0.36	-0.21	-0.15
日 本	-0.12	-0.13	-0.12	-0.12	-0.11	-0.10	-0.07	-0.03
スウェーデン	-0.23	-0.37	-0.31	-0.25	-0.19	-0.14	-0.09	-0.02
英 国	-0.13	-0.11	-0.08	-0.07	-0.03	0.03	0.12	0.18
イ タ リ ア	-0.40	-0.36	-0.30	-0.01	0.07	0.28	0.35	0.47
カ ナ ダ	0.12	0.16	0.19	0.31	0.42	0.44	0.46	0.60
米 国	0.08	0.12	0.18	0.31	0.45	0.61	0.78	0.89
豪 州	0.05	0.12	0.13	0.26	0.41	0.58	0.68	0.88
ノ ル ウ ェ ー	0.15	0.32	0.50	0.61	0.72	0.79	0.85	0.92
中 国	2.83	2.85	2.91	2.97	3.03	3.13	3.22	3.22
イ ン ド	3.90	4.19	4.71	5.22	5.30	5.74	5.86	6.05

※2021年1月29日時点（休場等で同日の値がない国は直近営業日時点）
※一部データは岡三証券推計値

ように、実は金利の低下傾向は1970年代後半から40年近く続く現象である。1990年代以降は、日本の長期金利が先行的に低下し、市場では盛んに「日本化」と言われたが、今や「日本化」は世界各国でみられ、欧州主要国の長期金利は日本の水準以下にまで低下した。過去数十年にわたり、「金利上昇リスク」が意識され、金融機関の現場では常に「金利が上がったらどう対応するのか」がリスク管理の基本とされてきたが、今や「金利が上がらないこと」が真のリスクと言える。

　世界的な金利低下傾向の背景には何があるのか。定説はまだないが、一般的に指摘されているのは以下の4つの要因である。

　まず第1は、世界的な人口高齢化の影響であり、その結果生じる低成長に伴

| | 0%未満 | | 0%以上0.5%未満 | | 0.5%以上1.0%未満 | | 1.0%超 |

9年	10年	11年	12年	13年	14年	15年	20年	30年	40年
-0.51	-0.45	-0.43	-0.42	-0.40	-0.39	-0.37	-0.17	-0.10	
-0.49	-0.44	-0.41	-0.37	-0.33	-0.30	-0.26	-0.19	-0.23	
-0.58	-0.52	-0.48	-0.45	-0.41	-0.38	-0.34	-0.30	-0.08	
-0.41	-0.34	-0.30	-0.27	-0.24	-0.21	-0.18	-0.10	0.07	
-0.43	-0.40	-0.35	-0.31	-0.26	-0.21	-0.17	-0.12		
-0.46	-0.38	-0.33	-0.27	-0.22	-0.17	-0.12	0.04	0.19	0.29
-0.31	-0.19	-0.16	-0.12	-0.08	-0.05	-0.01	0.05	0.39	
-0.33	-0.26	-0.21	-0.15	-0.10	-0.04	0.02	0.14	0.46	
-0.09	0.04	0.12	0.19	0.26	0.34	0.41	0.44	0.77	
-0.05	0.10	0.17	0.23	0.30	0.37	0.43	0.70	0.95	
0.01	0.05	0.10	0.14	0.19	0.24	0.29	0.46	0.66	0.71
0.04	0.11	0.14	0.17	0.20	0.22	0.25	0.39		
0.27	0.33	0.38	0.43	0.47	0.51	0.55	0.84	0.90	0.81
0.61	0.64	0.73	0.82	0.90	0.99	1.08	1.14	1.55	
0.75	0.89	0.92	0.95	0.98	1.01	1.04	1.06	1.47	
0.99	1.09	1.15	1.21	1.27	1.32	1.38	1.67	1.86	
0.97	1.10	1.10	1.25	1.33	1.40	1.48	1.90	2.15	
0.99	1.06								
3.22	3.23	3.26	3.28	3.31	3.34	3.37	3.51	3.80	
6.07	5.95	6.23	6.32	6.35	6.34	6.39	6.44	6.53	6.46

（出所）Refinitivデータより岡三証券作成

[図表 5-9] 主要国の長期金利の推移──40年間の低下傾向

※10年国債利回り

（出所）OECD、Refinitiv

うものだ。

　第2は、世界的な生産性の低下であり、米国では著名経済学者であるサマーズらによって「Secular Stagnation」（長期停滞）論として議論されてきた。生産性の低下により潜在成長率や自然利子率（経済・物価に対して引き締め的でも緩和的でもない金利水準。中長期的には潜在成長率に類似するとされる）の水準も低下傾向にあるとされる。

　第3は、例えばシェアリング・エコノミーや「アマゾン効果」と言われるようなデジタル化の進展による構造変化で生じるインフレ率の低下である。

　そしてもう一つ、筆者が意識する第4の要因は、第二次世界大戦後、3四半世紀にわたり世界規模での戦争が起こっていないなかでモノが溢れる供給過剰の状況が続いていることである。グローバル化のなかで生産のフロンティアが世界中に拡大したこともありモノが溢れ、今や先進国ではよほどのことがない限り「品不足」のようなことにはならず、インフレも生じにくい。

　以上の要因は2020年代もそう簡単には変わりそうにはなく、多少の揺り戻しはあったとしても低金利の水準はなおしばらくは継続するだろう。地域経済においてはこれらの要因に人口減少や高齢化といった構造問題が加わっており、金利はさらに上昇しにくい状況にある。

銀行の収益性は長短金利差に依存

　銀行の収益は長短金利差に大きく依存する。「金利水没」の状況においては、この本源的な収益のドライバーが発揮されず、企業価値の毀損につながっている。銀行はマイナス金利でのリテールでの資金調達が困難であることから、金利水没では長短金利差を得ることができない。銀行は水中生活では「エラ」がなく、息ができない状況とも考えられる。今や、そうした水中生活の中での「進

[図表 5-10] **PBRと長短金利差の推移**

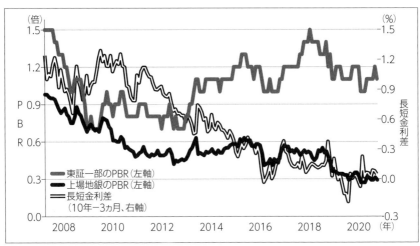

※東証一部のPBRは単純平均
※上場地銀のPBRは取得可能データをもとに単純平均で算出

（出所）日本取引所グループ、Quick

化」も必要になっている。

　筆者は2019年にオーストリアのウィーンで開催された、当地の銀行、保険、年金の関係者の会合にパネリストの一人として参加した。そこでは、20年近く超低金利の状況が続くなかで日本の金融機関はどのような戦略をとってきているのかがテーマであり、参加者の関心も非常に高かった。金利水没下の金融機関の生き残り策は日本だけでなくグローバルな広がりをもつ課題であり、世界中の金融機関が資金収支以外の収益源を求め苦闘していることを再認識した。

　図表5-10は株式市場での重要な評価尺度であるPBRの動きと長短金利差の動きを示したものである。両者は連動しており、株式市場における銀行の低い評価は超低金利による収益力への不安に起因するものと考えられる。

　グローバルでみれば、日本と類似した超低金利環境にあるドイツを中心とした欧州では銀行のPBRが低水準となっている。一方、依然、金利がプラス水

準にある米国の銀行はPBRを高めに維持している。

マイナス金利政策の負け組は金融機関と家計

「金利水没」はさまざまな副作用を生んでいるが、誰が勝ち組となり、誰が負け組になっているのか。

　図表5-11は、マイナス金利政策が導入された2016年から2020年第3四半期までの金利低下による各経済部門への影響を示したものである。これを勝ち組と負け組に整理したものが図表5-12である。

　勝ち組は資金の借り手であり、国債を中心にGDPの倍以上の債務を抱える政府セクター、ネットでは資金余剰部門ながら一定の借入をしている企業セクター（非金融法人）が該当する。一方、資金の貸し手である金融機関、その金融機関に預金という形で資金を提供している家計が負け組となる。

　つまり、マイナス金利政策によって金融機関と家計は、政府（国）と企業に税金・補助金を支払っているような構図となっている。その結果、わが国の財政状況は、プライマリーバランスは依然、大幅な赤字状態が続くものの、そのマイナス幅は改善した。また、企業収益も改善し、株高につながっている。

　家計にとってマイナス金利政策は新たな利子課税が生じたような副作用がある。特に利子所得への依存度が高い高齢者層の負担は大きい。2019年10月に消費税が8％から10％に引き上げられたが、家計にとってはマイナス金利政策と消費増税のダブル負担となり、そこに今回、コロナショックが加わった。

　また、マイナス金利政策導入は資産デフレで悪循環に陥った日本にとって大きな転換点となった一方で、資産価格の上昇を通じて家計セクターの経済格差を拡大させたという点も見逃せない。

　マイナス金利政策は、以上のような副作用を伴う劇薬であるものの、バブル

[図表 5-11] **マイナス金利政策導入後の金利低下による部門別所得移転効果**（概算）

	損失	利益	差し引き
家　　　　　計	17,023.4	14,526.6	▲ 2,496.8
非 金 融 法 人	7,023.0	22,954.3	15,931.2
一 　般 　政 　府	5,843.6	59,035.6	53,191.9
預金取扱機関	55,514.3	35,473.5	▲ 20,040.8

（億円）

（出所）日銀「資金循環統計」より岡
三証券作成、2016年1Q～
2020年3Qの累計
※資金循環統計（ストック）を用い、
2016年1Q以降に預金に-3bp、
貸出・借入・株式以外の証券に
-10bpの影響があったと仮定

[図表 5-12] **マイナス金利政策の勝ち組と負け組**

勝ち組（借り手）	負け組（貸し手）
政府 企業　　←　　所得移転	金融機関（特に預金金融機関） 保険・年金 家計

（出所）岡三証券作成

崩壊後の「雪の時代」をもたらした円高と資産デフレの悪循環を断ち切る、事実上の円安介入策の性格を有している。したがって、地域銀行を中心とした金融機関の収益への影響を懸念しつつも、日銀としてはなかなか変更しづらい面がある。また、日米欧の中央銀行の連動性のなか、日銀がFRBやECBより先に出口に向かうのは困難なだけに、マイナス金利状況の長期化を覚悟する必要がある。

金利水没下での生き残り策としてのLED戦略

　家計以上にマイナス金利政策の直撃を受け、事実上、「ひとり負け組」状態となっているのが金融機関である。コロナショックに対処すべく米国FRBも2020年3月には政策金利をゼロにまで引き下げたことで、主要金融市場の大

層が「金利水没」状況になり、世界中の投資家は運用難の嵐のなかで彷徨う「運用難民」となっている。

その「難民」の生き残り策として、筆者は長らく三次元の「LED戦略」を提唱してきた（図表5-13）。LED戦略とは、Long（年限長期化）、External（海外投資）、Diversified（多様化）の頭文字をとった運用戦略である。

マイナス金利の状況（金利水没の状況）では、通常の債券運用だけではインカムを確保できない。プラスのインカムを確保するためには年限の長い（L）ゾーンに向かわざるをえない。また、自国の金利が水没したなかでは、金利が水没していない海外（E）でインカムを確保せざるをえない。さらに、マイナス金利となっている債券以外の金融商品での運用や金利以外での運用モデルの構築などに多様化（D）していく必要もある。

「L（Long）＝年限長期化」戦略

筆者は長年、債券アナリストとして仕事をしてきたが、金融機関の運用において債券は「主食」であり、いつも食べる「おコメ」のようなものだと説明してきた。「おコメ」のおいしさは長短金利差にあり、特に、預金に資金調達の多くを依存している地域銀行が債券投資においてLED戦略の「L」を追求し収益を確保することは重要な金融機能の発揮であると考えてきた。また、「L」を追求することで長短金利差（キャリー）に加え、時間の経過とともに利回り水準がイールドカーブの傾斜を転がるように低下して債券価格が上昇するロールダウン効果による収益も獲得可能であった。

しかし、預金金利をマイナスにすることができない以上、金利水没の「水中生活」では長短金利差はなくなってしまい、金融機関は従来のような10年債への投資だけでは収益を確保しにくい。もはや「おコメ」のおいしさはなくな

[図表 5-13] **LED戦略**

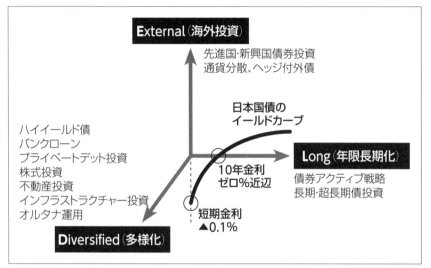

（出所）岡三証券作成

ってしまったのである。

　したがって、現在の超低金利環境がしばらく続くと考えた場合、20年超の超長期の債券をいかにポートフォリオに加えていくかが重要な論点になる。いわば、おいしくなくなった「おコメ」に味付けをするようなものである。

　期間が長いほど価格変動リスクは増すが、金利水没のなかでインカムを確保するには、リスクとリターンを勘案しつつも超長期債への投資が不可欠となる。図表5-8の金利水没マップをみてもわかるように、現実にイールドカーブがプラスゾーンにあってキャリーとロールダウンも含めた実需に沿った運用ができるのは超長期ゾーンである。超長期分野は、先物市場が事実上機能しておらず、そのヘッジツールに欠ける面があるものの機動的な対応により、リスク量を管理しつつ取り込んでいくことが収益確保上は不可欠である。また、そうしたニーズを背景に超長期国債や社債市場が拡大していくことも期待される。

もはや、超長期分野を運用範囲に含めないという運用スタンスは成り立ちにくくなっている。10年ゾーンまでの金利がほぼ水没した状況下、20年の超長期ゾーンへの投資は、旧来の10年ゾーンの投資と同じようなものになっている。現在、長期金利の指標（ベンチマーク）は10年であるが、20年にその役割がシフトしている可能性もあるだろう。

「E（External）＝海外投資」戦略

　自国の金利がマイナスとなってしまった以上、金利水没マップのなかでまだ水没していない地域・国を投資運用上のフロンティアと考えるべきだろう。おいしくなくなってしまった「おコメ」の「おかず」を探すことが必要だからだ。

　プラスの利回りがまだ残っているのは米国と中国などの新興国である。利回りがプラスの債券残高をみると、米国は約30兆ドル、中国も約15兆ドルであり、日本の5兆ドル強を大きく上回る規模となっている（図表5-14）。

　また、これら利回りがプラスの債券の国別構成比をみてみると、米国が約37％を占め、中国も18.0％となっている（図表5-15）。カナダ、英国、インド等の各国の利回りプラスの債券を合計しても中国並みの規模にしかならないことを考えると、市場の厚みがある投資対象としては中国の存在が大きい。今後は「運用難民」のフロンティアとして、中国の債券への関心も高まりやすいだろう。

　大手銀行の場合、金利が存在する米国や新興国など海外での貸出を増加させている。図表5-16は大手銀行の経常収益に占める海外業務の割合だが、2019年度は約42％を海外分野で稼ぐ状況にある。

　地域銀行は大手銀行のような海外ネットワークがないため海外融資は限定的である。振り返れば、バブル崩壊後、内需が低迷するなかで金融機関の国内回

[図表 5-14] **利回りがプラスの債券残高**（国別）

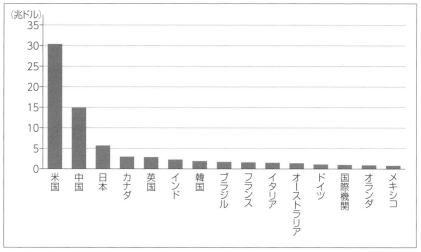

[図表 5-15] **利回りがプラスの債券の国別構成比**

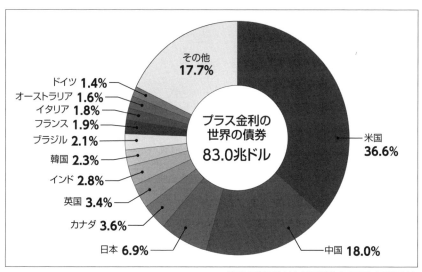

帰は強まったが、その一方で企業は中堅中小も含め、生き残りをかけて海外進出を加速させた。その意味では、今、地域銀行が改めて海外に目を向けるのは自然なことでもある。大手銀行のような海外での融資は難しいとしても、有価証券運用において海外投資をもっと視野に入れることが必要である。

「D(Diversified)＝多様化」戦略

国債市場で金利が水没してしまっているなか、収益を確保するためには、地方債や事業債をはじめとする国債以外のクレジット商品や株式が有力な投資対象となる。

これまで、投資運用に関する教科書では、債券投資では利払いに伴うインカムを重視し、株式投資は配当よりも価格変動に伴うキャピタルゲインを期待するものとされてきた。しかし、金利が水没してしまった国債市場ではインカムは得られず、それどころか、マイナス金利ゾーンでの価格変動、キャピタルロスを懸念する状況にある。

一方、金利が水没しても配当はマイナスにならないので、株式投資の重要性が相対的に高まっている。その結果、企業収益の恩恵に銀行も預かるべく、配当（インカム）の安定度をベースに株式に投資する考えが広まり、新たなインカム商品として意識されている。

同様に、金利水没下でも賃料はマイナスにならないため、不動産投資への関心が高まり、なかでもREITは確実なインカム商品として注目されている。REITはコロナ禍で一時価格を大きく下落させたが、リーマンショック時と比較し安全度は改善しており、安定的なインカムを重視する観点からは有力な運用手段と考えられる。REITはコロナショックによる市場の変動のなかで損失も含めて地域銀行のなかでは売却を余儀なくされたケースも多かったが、今後

[図表 5-16] **大手銀行の経常利益に占める海外比率——すでに約42%に達する**

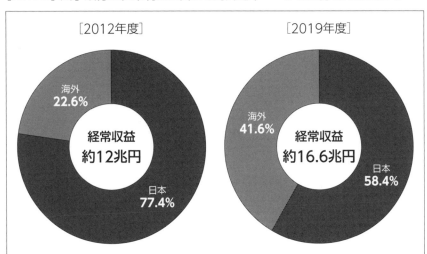

［2012年度］

海外
22.6%

経常収益
約12兆円

日本
77.4%

［2019年度］

海外
41.6%

経常収益
約16.6兆円

日本
58.4%

(出所)金融審議会 銀行制度等ワーキング・グループ事務局説明資料

の安定した収益確保の観点から改めて注目されることになるだろう。

　ただ、株式にしてもREITにしても、「D」の戦略をとるためには、コロナショックで実態以上のスプレッドが付された商品を選別する「目利き力」やリスク管理が不可欠であるのは当然である。

コロナ下での修正LED戦略

　最近、日本の大手生損保各社が兆円規模で海外での企業買収を行っているのは、まさに「E」と「D」の戦略を実行していると考えることができる。

　さらに、公的年金の運用を預かるGPIF（年金積立金管理運用独立行政法人）のアロケーションの変化は、LED戦略の典型的な実践パターンである（図表5-17）。今や、自らの公的年金の資金の半分が海外、また、半分が株式等で運用

されていることを理解している人は少ない。

　地域銀行が生損保のような海外M&Aを行うことは現実には難しいだろうが、年金と同じように確定給付商品である預金での調達をベースにしており、ALM的にGPIFのような一定の分散、アセットアロケーションを行うことは可能であろう。

　コロナの感染が拡大し始めた2020年2〜3月にかけて、市場では金融資産が広範囲にパニック売り状態に陥り、リスク資産を回避する「質への逃避」が生じ、世界の投資マネーはキャッシュや債券に流れ込んだ。金融機関の運用は一時的ながら有事における緊急避難的な戦略（CDB戦略）となった。つまり、キャッシュ（Cash）回帰、自国回帰・脱グローバル化（Domestic）、さらに、多様な商品への分散でなく、基本に戻る（Basic）の動きとなった。

　しかし、やがて嵐は収まり、市場は落ち着きを取り戻したものの、金利水没によって「無リスク資産」が消失し待機資金の行き場がなくなるなか、投資資金は再びインカムを確保せざるをえなくなっている。その際にはこれまでのLED戦略に比してリスクをある程度、抑制した「修正LED戦略」が必要になると考える（図表5-18）。すなわち、一定のキャッシュを保有したり、期待収益率を低下させてリスクを抑制しつつも、LED戦略を基本に抑制的ながらもリスクテイクを行うことになる。

地域銀行はビジネスモデル自体の多様化が必要

　図表5-19は地域銀行の有価証券の保有状況の変化を示すものである。過去10年の間に外国証券（E）、株式・社債・地方債・その他の証券（D）への投資割合が増え、すでに国債（おコメ）への投資の割合が低下していることがわかる。

　ただ、LED戦略にせよ修正LED戦略にせよ、地域銀行の場合、「E」と「D」

[図表 5-17] **GPIFのアロケーションの変化**

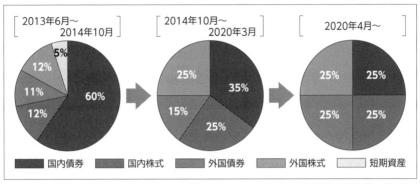

（出所）GPIF（年金積立金管理運用独立行政法人）

[図表 5-18] **LED戦略、CDB戦略と修正LED戦略**

	LED戦略 平時の対応、 攻めの対応	CDB戦略 有事対応（ステイホーム）、 守りの対応	修正LED戦略 「Withコロナ」での 運用戦略
Long - **C**ash	長期 Long	キャッシュ Cash	長期化へ回帰するも、 一定のCash水準を維持
External - **D**omestic	海外 External、 グローバル化	自国回帰 Domestic、 ドメスティック回帰	海外に戻るも、 一定の国内比率維持
Diversified - **B**asic	多様化 Diversified、 株・不動産	基本 Basic、 債券（おコメ）回帰	期待水準の引下げ、 リスク抑制的な多様化戦略

（出所）岡三証券作成

[図表 5-19] **地域銀行の有価証券の保有状況**

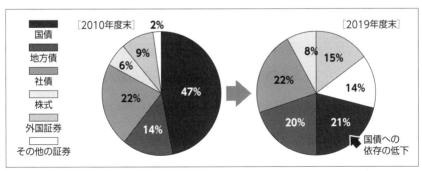

（出所）金融審議会 銀行制度等ワーキング・グループ事務局説明資料

への対応は限界があるだろう。したがってビジネスモデル自体の「D」（多様化）や有価証券運用を活用した多様化戦略が必要である。

　都銀と地銀の収益の業務依存度合いを比較してみると（図表5-20）、都銀では資金利益以外の手数料等の収入が44％もあるのに対して、地銀は貸出を中心とした資金利益への依存がきわめて高い。

　また、グループ全体での業務の多様性を示す指標である連単倍率（連結利益/単体利益）をみてみると（図表5-21）、リースや証券などグループ関連会社の収益割合も大きい都銀と、銀行本体の収益がグループ全体の収益の大半を占める地域銀行とでは大きな開きがある。連結での多様な収益源に依存できるビジネスモデルを構築できるかが問われる状態にある。

　地域銀行にとって、連結ベースでのグループ戦略とそれによる収益の多様化の実現は重要な課題である。

第4の転換〜デジタル化

　地域銀行を取り巻く環境の第4の転換は、デジタル化を武器に、フィンテック企業など異業種が預金・貸出、決済など銀行固有の業務に相次いで参入し、競争が激化していることである。今や提供される金融サービスをみれば、銀行と非銀行の垣根はなくなっている。しかも、今後はビックデータを活用した新たな商品やサービスの提供が重要になってくるなかで、いわゆるGAFAのようなプラットフォーマーが銀行のビジネス基盤を揺るがす可能性も指摘されている。

「事業会社は銀行を所有できるのに、銀行は事業会社を所有できない」という両者のイコール・フッティングに関する議論は古くて新しいテーマである。図表5-22に示したように、1990年代の後半から、サービス業、製造業、小売業、

[図表 5-20] **銀行の業務依存度の比較**（2020年3月期）

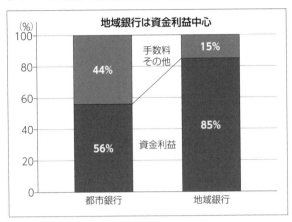

（出所）全国銀行協会

[図表 5-21] **銀行の連単倍率の比較**

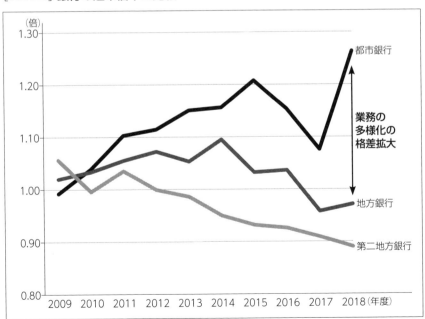

（出所）全国銀行協会「全国銀行財務諸表分析」

情報・通信業による銀行業への参入が行われてきた。いずれ非金融のセクターが既存の銀行を買収するような事態も考えられる。

　一方で、銀行には厳しい規制があり、出資も含め、非金融に参入することは一定の要件を満たさない限り難しい。IT・デジタル技術の急速な進展や顧客ニーズの多様化、そして何よりも銀行自体の経営環境の変化を踏まえれば、銀行に対する規制のあり方（裏を返せば非銀行の金融サービス業者への規制のあり方）を従来の固定観念にとらわれることなく改めて整理する必要がある。その際には、地域銀行による地域商社設立の動きでもみられるように、銀行と非銀行、金融と非金融をどう融合させていくか、顧客保護と顧客利便性をどう両立していくかといった視点が不可欠である。

　従来、銀行に対する規制のあり方を議論する際には、銀行の産業支配、優越的地位の乱用といったことが枕詞のように用いられてきた。ただし、これからは産業の銀行支配が議論される状況もありうる。これまでの固定観念にとらわれずに、現在の構造変化のなかで新たな規制のあり方を考える段階にある。デジタル化は、地域銀行の有する本源的な制約である地域の壁を越える手段であるだけに、地域銀行こそ、デジタル化の影響を最も受けるとも考えられる。

[図表 5-22] **一般企業による銀行業への参入事例**

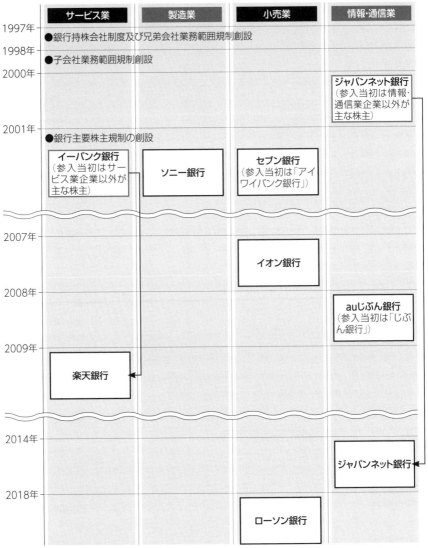

※都市銀行・信託銀行・地方銀行・第二地方銀行を除いた銀行（存続しているものに限る）のうち、2020年9月時点で「金融・保険業」以外
　の業種の企業が銀行主要株主に含まれているものを記載。
※各行のディスクロージャー誌などで公表されている開業日（または営業開始日）などを基準に記載。
※「サービス業」「製造業」「小売業」「情報・通信業」の別は、それぞれの銀行が属するグループの頂点に位置する企業の業種。
※業種は、「業種別分類項目」（証券コード協議会）に基づき分類・記載。
　　　　　　　　　　　　　　　　　　　　　（出所）金融審議会 銀行制度等ワーキング・グループ事務局説明資料

第6章

構造不況の
地域銀行の処方箋

出揃った改革に向けた政策メニュー

戦後の産業調整政策からのヒント

　地域銀行は、地域経済の衰退や企業セクターの資金余剰、超低金利といった厳しい経営環境のなか、預貸業務を中心にしたビジネスモデルが成り立たない構造不況に陥っているとの問題意識が筆者には強くある。そこで本章では、一般産業を分析するのと同様の視点で地域銀行の現状を確認してみたい。

　菅政権の発足以降、地域銀行の合併や再編の話題が多くのメディアでとりあげられている。地域銀行自身もさまざまな選択肢を「頭の体操」ではなく、具体的な経営テーマとして議論し始めているのは、大きな変化である。また、政府・日銀が足並みを揃え再編のインセンティブとなるような制度を打ち出した点も、政策対応の大きな転換である。2021年は地域銀行の構造改革元年となる可能性もある。

　図表6-1は戦後、構造不況業種に対して経済産業省（通商産業省）が中心となって繰り返し行われた産業調整政策と今日の地域銀行のおかれた状況を対比したものである。戦後、わが国では産業政策の一環として、構造不況業種に対して、一般的に図表6-1に示した4段階の対応が行われてきた。

　まず、①構造不況業種として認定され、独禁法の適用除外を受け「不況カルテル」などが認められた。そのうえで、②産業調整上の観点から抜本的な再編や合理化が行われた。そして、③持続性のあるビジネスモデルを構築すべく収支の改善が必要となり、そのために社外流出抑制などの対応が行われ、さらに、④新たな事業分野への転出、業態転換が促進された。

第1の段階〜独禁法特例法の制定

　こうした戦後の構造不況業種に対する産業調整政策を今日の地域銀行に当て

[図表6-1] **構造不況への対応と地域銀行**

	戦後の産業調整政策	地域銀行に適用した動き	具体的な政策
①	構造不況認定と独禁法適用除外	地域銀行に対し特例法による独禁法適用除外	2020年11月、独禁法の特例法施行
②	再編とリストラ	再編とリストラ（統合・合併、店舗・人員のリストラ）	資金交付制度による合併・合理化誘導策、日銀の当座預金付利での合併・合理化誘導策
③	持続的収支構造確立	持続的収支構造（社外流出抑制、配当政策等）	資金交付制度での補助金、日銀の当座預金付利での実質的補助金、非上場化議論
④	新たな事業分野への転出、業態転換	新たな収益（商社化、デジタルバンク、投資分野等）とそれに向けた規制緩和を議論	金融審議会で業務範囲見直し、出資規制の緩和議論

（出所）岡三証券作成

はめれば、①地域銀行は構造不況にあると認定し独禁法適用を緩める、②抜本的な再編と合理化を進める、③社外流出を抑制すべく配当等の見直しを行う、④新たな業務分野への進出を促進させるべく規制緩和を行う、ということになるだろう。

　まず、第1の段階の構造不況認定と独占禁止法の適用除外についてだが、その前段として、「銀行は特別」との考え方から離れ、一般の産業と同じ視線での対応が必要であるとのコンセンサスを官民で共有する必要がある。その点に関して菅政権が地域銀行の改革を重要な政策課題として掲げたことは、政治的に重要な意思表示、メッセージと受け止めるべきである。

　安倍政権で重要な役割を果たしていた未来投資会議では、地域銀行と地域乗り合いバスについて（「特定地域基盤企業」と総称）、独禁法の適用を緩和して地域での合併再編を可能とするとの指針を打ち出した。それを受け、「乗合バス

および地域銀行に関する独占禁止法の特例法」が10年間の時限立法として成立し、2020年11月27日から施行された。

独禁法特例法の制定の背景には、長崎県の十八銀行と親和銀行の合併に関して、公正取引委員会が合併後の地域シェアの高さを問題視し認可せず、2016年の計画発表から実際の合併まで4年もかかったという問題があった。そもそも、グローバルに資金や情報が行き交う今日の金融ビジネスにおいて、県単位でのシェアにどこまでこだわるかは議論があるところだろう。企業側のIT化やサプライチェーンの広がりなども考え合わせれば、なおさらである。

特例法では地域銀行の合併等における独禁法の適用除外のプロセスに関して、図表6-2のように規定している。これにより、十八銀行・親和銀行のケースでもハードルとなった合併後の地域シェアの問題が一定の条件のもとに緩和されるなど、従来と比較して地域銀行（特に同じ県内）同士の合併が行われやすくなると考えられている。

第2の段階～再編・統合の動き

構造不況業種では苦境を脱するための定石として再編・統合が行われやすい。図表6-3は2000年以降の地域銀行の再編を示している。地域銀行はこれまで、基本的に一つの県を地盤とし、また、江戸時代の藩の単位を営業の地盤にしていたものが多かっただけに、それぞれの銀行に長い歴史があり、その融合をどう行っていくかはいずれの再編・統合ケースでも課題となっている。

2010年以降の地域銀行における合併・経営統合の動きをみたものが図表6-4である。これをみると、持ち株会社を活用した統合が多くなっていることがわかる。今後も経営の自由度を確保するうえで、まず、持ち株会社を共同で設立し経営統合を行うパターンが増えると考えられる。これまでのように県単位で

[図表 6-2] **地域銀行の独占禁止法の特例法**

独占禁止法 特例法（2020年11月27日施行）

●乗合バス事業者及び地域銀行（「特定地域基盤企業」と総称）の経営力の強化、生産性の向上等を通じて、**将来にわたるサービス提供の維持を図ることにより、地域経済の活性化及び地域住民の生活の向上を図り、もって一般消費者の利益を確保**するとともに、国民経済の健全な発展に資することを目的とする。

●**合併等**（合併、持株会社の設立、株式取得等）**の認可を受けようとする特定地域基盤企業または親会社は、基盤的サービス維持計画を主務大臣に提出。**

●**主務大臣は**、基盤的サービスに係る競争状況の変化により、**利用者に対して不当な基盤的サービスの価格の上昇その他の不当な不利益を生ずる恐れがあると認める**ときは、不当な不利益の防止のための**方策を求める**ことができる。

●**主務大臣は合併等を認可**（公正取引委員会に協議）。

　①合併等に係る特定地域基盤企業が基盤的サービスを提供する地域の全部または相当部分において、特定地域基盤企業の全部または一部が提供する基盤的サービスに係る収支の悪化（需要の持続的な減少によるものに限る）により、特定地域基盤企業の全部または一部が基盤的サービスを将来にわたって持続的に提供することが困難となる恐れがあること。

　②合併等により、基盤的サービスに係る**事業の改善が見込まれるとともに、その改善に応じ、基盤的サービスの提供の維持が図られる**こと。

　③合併等により、**利用者に対して不当な基盤的サービスの価格の上昇その他の不当な不利益を生ずる恐れがあると認められない**こと。

●**10年の時限措置**とする。

（出所）金融審議会 銀行制度等ワーキング・グループ事務局説明資料

の経済圏にこだわる必要は低くなっており、持ち株会社のもとに複数のブランドの銀行をもつことも考えられる。

　また、筆者もメンバーの一人として議論に参加した金融庁の金融審議会 銀行制度等WGが2020年12月に取りまとめた報告書で、規制緩和の方針が打ち出されたことも追い風になり、さまざまな経営の選択肢を増やす観点から、経営統合を行うかどうかにかかわらず持ち株会社を設立する地域銀行も増えるのではないか。地域で中核となる地域銀行のほとんどは持ち株会社を設立する状況となることも予想され、持ち株会社をベースとした経営戦略のあり方が問われるようになるだろう。

　すでにいくつかの地域銀行は再編に動き出している。これらは規模の利益を確保することにより経費を削減することを主眼としており、戦後の構造不況業種でもしばしば行われた対応である。ただし、再編はさまざまな選択肢のなかのあくまでも一つであり、それによってただちに構造不況から脱することができるわけではない。メディアも地域銀行の再編の行方にばかり注目するが、再編はそれ自体が目的ではなく、持続可能な地域銀行の経営に関する選択肢の一つに過ぎない。

　もちろん、一般の産業における再編と同様、地域銀行の場合もコスト削減の観点からは優先的に検討されるテーマである。現在、地域銀行が抱える問題の一つは、その固定費コストの負担が増大していることであり、システムや店舗コスト、人件費の見直しが急務となっている。

　まずシステムだが、地域金融機関では図表6-5に示すようにさまざまな形のシステム共同化プロジェクトが行われており、今後もこうした動きは加速すると思われる。

　次に店舗についてだが、地域銀行にとって預金調達インフラとして重要であったことに加え、その地域では「なくてはならない」ライフラインの一つのよ

[図表6-3] **地銀の再編・統合の主な事例**

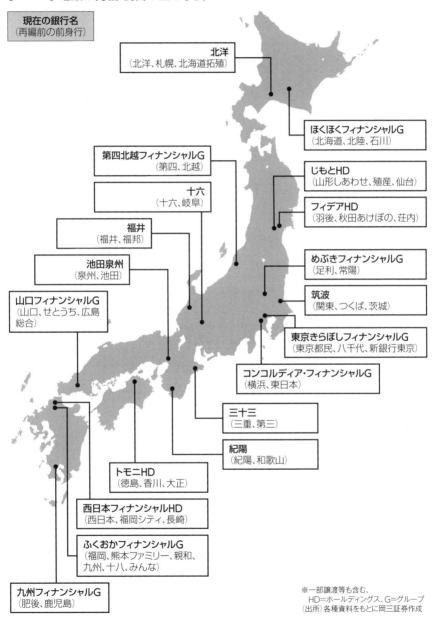

現在の銀行名
（再編前の前身行）

北洋
（北洋、札幌、北海道拓殖）

ほくほくフィナンシャルG
（北海道、北陸、石川）

第四北越フィナンシャルG
（第四、北越）

じもとHD
（山形しあわせ、殖産、仙台）

十六
（十六、岐阜）

フィデアHD
（羽後、秋田あけぼの、荘内）

福井
（福井、福邦）

めぶきフィナンシャルG
（足利、常陽）

池田泉州
（泉州、池田）

筑波
（関東、つくば、茨城）

山口フィナンシャルG
（山口、せとうち、広島
総合）

東京きらぼしフィナンシャルG
（東京都民、八千代、新銀行東京）

コンコルディア・フィナンシャルG
（横浜、東日本）

三十三
（三重、第三）

紀陽
（紀陽、和歌山）

トモニHD
（徳島、香川、大正）

西日本フィナンシャルHD
（西日本、福岡シティ、長崎）

ふくおかフィナンシャルG
（福岡、熊本ファミリー、親和、
九州、十八、みんな）

九州フィナンシャルG
（肥後、鹿児島）

※一部譲渡等も含む、
　HD＝ホールディングス、G＝グループ
（出所）各種資料をもとに岡三証券作成

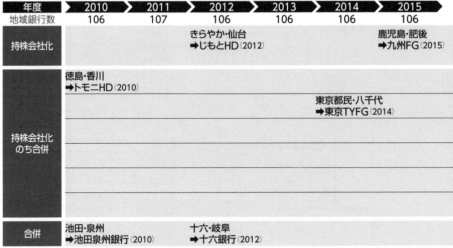

[図表6-4] 地域銀行における経営・再編の状況──持ち株会社の活用が多い

年度	2010	2011	2012	2013	2014	2015
地域銀行数	106	107	106	106	106	106
持株会社化			きらやか・仙台 ➡じもとHD（2012）			鹿児島・肥後 ➡九州FG（2015）
持株会社化 のち合併	徳島・香川 ➡トモニHD（2010）				東京都民・八千代 ➡東京TYFG（2014）	
合併	池田・泉州 ➡池田泉州銀行（2010）		十六・岐阜 ➡十六銀行（2012）			

※1：2018年4月に東京きらぼしFGに商号変更。　※2：合併予定
（注1）持株会社と子銀行の合併は除く。（注2）地域銀行数に埼玉りそな銀行含む。

うな存在となっているだけに、その数や機能の縮小は困難を伴う。そうしたなか、最近では代理店制度を活用し、ゆうちょ銀行に窓口業務を委託するような動きも出てきている。ゆうちょ銀行はユニバーサルサービス提供のため全国の店舗ネットワークを維持することを義務付けられており、地域銀行とゆうちょ銀行とが地域で棲み分けることで相互補完することも選択肢になるだろう。そしてそれはゆうちょ銀行の存在意義の発揮にもつながると思われる。

　一方、人件費に関しては、地域銀行の場合、地域を代表する企業としての性格上、地域の他の企業に比べ高い賃金水準にある場合が多い。ただ、超過利潤を失ったなか、従前のような高い水準を一律に維持するのは限界に達している。そこで専門性の高いサービスを提供するとの観点から転勤を伴わず一つの業務に専念させたり、一定の地域に限定させるような人事制度の導入などを通して、地域の他の産業や協同組織金融機関との賃金格差を縮小させていくことも考え

2016	2017	2018	2019	2020	2021
106	106	105	103	101	100

横浜・東日本➡コンコルディアFG（2016）
常陽・足利➡めぶきFG（2016）
西日本シティ・長崎➡西日本FHD（2016）

徳島・香川・大正 　　　　　　　　　　　　　　徳島・大正
➡トモニHD（2016）　　　　　　　　　　　　➡ 徳島大正銀行（2021.1）

東京都民・八千代・新銀行東京 　　　東京都民・八千代・新銀行東京
➡東京TYFG※1（2016）　　　　　　➡きらぼし銀行（2018）

三重・第三 　　　　　　　　　　三重・第三
➡三十三FG（2018）　　　　　　➡三十三銀行※2（2021.5）

近畿大阪・関西アーバン・みなと　　近畿大阪・関西アーバン
➡関西みらいFG（2018）　　　　　➡関西みらい銀行（2019）

第四・北越　　　　　　　　　　　第四・北越
➡第四北越FG（2018）　　　　　　➡第四北越銀行（2021.1）

福岡・十八・親和・熊本　　　十八・親和
➡ふくおかFG（2019）　　　➡十八親和銀行（2020）

（出所）金融審議会 銀行制度等ワーキング・グループ事務局説明資料

［図表6-5］ 地域金融機関におけるシステム共同化の状況

	システム名	参加行数		システム名	参加行数
地域銀行	地域共同センター	14	信　金	信金共同システム	235
	Chance	8		共同利用システム	14
	MEJAR	5		自営システム	6
	Bank Vision	10			
	じゅうだん会	7	信　組	共同センター	142
	Flight21	4		自営システム	3
	りそなHD	2			
	NEXTBASE	11			
	STELLA CUBE	9			
	Banks' ware	2			
	PROBANK	3			
	TSUBASA	3			
	BeSTA cloud	9			
	自営システム	16			

（出所）金融審議会 銀行制度等ワーキング・グループ
事務局説明資料

られる。これまで銀行は「お金を扱うから高い給与水準を保つ必要がある」と
されていたが、そうした理屈は今や通用しなくなっている。

再編の3パターン

　再編には、①地域内での統合（「面」での統合）、②機能を重視した統合、③
コングロマリット型統合といった大きく3つのパターンがあり、それぞれのメ
リットをどう活かしていくか経営戦略の巧拙が問われることになる。

　①の地域内での統合は、最も基本的な再編パターンであり、重複する店舗等
の削減により合理化効果も発揮しやすい。営業戦略も相互補完的な形で行うこ
とが可能である。また、完全に合併するのではなく、持ち株会社を立ち上げ、
その傘下に複数の銀行がそれぞれのブランドを維持したままでぶら下がるとい
う形も考えられる。地銀と第二地銀の統合ではそれぞれの顧客層が異なること
もあり、お互いのブランドを維持しつつ、システムや本部機能は一緒にするほ
うが統合効果を発揮しやすい面があるだろう。

　②の機能を重視した統合では、事務処理やATM、システム、住宅ローンの
ような定型的な商品の開発、事業承継、フィンテック分野などで近隣以外の銀
行とも提携し規模の利益を確保するものである。米国ではスーパーリージョナ
ルバンクとして州をまたいで事業を拡大した事例もある。インターネットをは
じめとする情報通信技術の進展により、地理的な制約が低くなるなか、機能を
重視した広域での連携は十分可能である。こうした動きはすべての機能や地域
をカバーするフルバンキングモデルからの脱却であり、特定の地域や機能に経
営資源を集約化させることで経営の効率化が図れる。

　③のコングロマリット型統合は、地域において異業種も含めた連携を推進す
ることによって地域を面的に活性化させることを狙った対応になる。地域商社

[図表6-6] **地域銀行の方向性概念図**

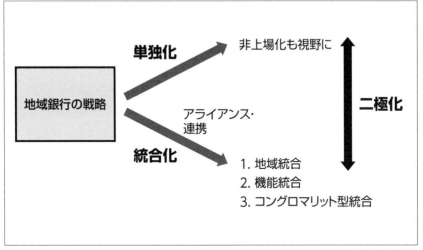

（出所）岡三証券作成

等の設立はその具体策の一つと考えられる。今回のコロナショックは資産価格
の下落を伴わない「危機」であり、国内に資本が温存されている。その資本を
いかに地域のなかで活用し異業種も含めた地域エコシステムが構築できるかは
重要な課題である。したがって、持ち株会社のもとに銀行機能は残しつつ、地
域のさまざまな課題に対応していく地域版の「政策投資銀行」を目指すことも
一つの方向性と考えられる。

「数合わせ」的再編は無意味

　図表6-6は地域銀行の今後の経営の方向性を示す概念図である。単独で生き
残りを図っていく場合は、後述するように非上場化も選択肢の一つになるだろ
う。今後は単独での生き残りか、前述した3つのパターンのいずれかによる再

編か、地域銀行の戦略は二極化していくと思われる。異業種も含めたアライアンスや連携などあらゆる選択肢を検討していかなければならない構造不況の状況のなかで、地域銀行の経営者としてどういう進路をとるのか。地域におけるさまざまなステークホルダーが納得するような説明をしていく必要がある。

その際、地域銀行の再編は囲碁で自らの陣地を確保するような面もあることには注意すべきである。すなわち、地域で競合している銀行が他の銀行と連携してしまった場合に自らの銀行の立場が悪化することを恐れ防衛的に再編に向かうことも考えられる。その結果、これまでほとんど動きがなかった地域においても連鎖的に統合が進み、さながら戦国時代の国盗り物語の様相を呈する可能性がある。2021年以降、こうした再編ドミノが生じるかもしれない。

ただ、デジタルトランスフォーメーションの進展のように、従来とは非連続的な変化が生じるなか、これまでと同様の合併・統合のメリットが存在するのかを冷静に判断する必要もある。少なくとも過去、経産省主導で行われた構造不況業種における再編は、当該業界における需給調整を主眼としたものであった。一方、「金融」そのもののあり方が大きく変わって構造変化が生じてきているなかでは、単なる「数合わせ」的な再編や統合による規模拡大だけの発想では意味がないと思われる。特に、コロナショックによってデジタルトランスフォーメーションが加速されやすいだけに、より留意が必要な点である。

地域銀行による業務提携の動きは全国的に広がりを見せている（図表6-7）。今後も経営統合や合併には至らないものの、緩やかな形の業務提携を行う地域銀行は増えていくことが予想される。こうした業務提携では、システムの共同運用やバックオフィス業務の共通化、ATMの相互開放などコスト削減を狙った施策がまず打ち出されることが多いが、証券子会社や信託子会社等の共同での活用、取引先のビジネスマッチング、フィンテック対応など単独で行うのは難しい業務に関しても共同で取り組むケースが増えている。

[図表6-7] **地域銀行による主な業務提携事例**

年	名称	参加銀行
2015年	TSUBASAアライアンス	千葉・北洋など10行
2016年	千葉・武蔵野アライアンス	千葉、武蔵野
	四国アライアンス	伊予、百十四、四国、阿波
2018年	フィンクロス・パートナーシップ	群馬、池田泉州など8行
2019年	千葉・横浜パートナーシップ	横浜、千葉
2020年	静岡・山梨パートナーシップ	静岡、山梨中央

(出所)日本経済新聞2020/10/29から岡三証券作成

　こうした業務提携は、従来の取引先支援だけでは限界が生じるなか、自ら手がける業務の範囲を共同で拡大していくという「業務深化」の側面が大きい。また、取引先の営業範囲やサプライチェーンが県境を越えて全国に拡大するため、地域銀行としても「横の広がり」をもつべく連携を行う必要性が生じている。

　こうした状況は全国で共通しており、「縦」と「横」のつながりで合従連衡は増えていくと考えられる。業務提携がさまざまな形で進化し、経営統合や合併に結び付くこともあるだろう。生き残りをかけて地域銀行があらゆる選択肢を模索する動きは続くだろう。

第3の段階〜持続可能な収支モデルの構築

　筆者が銀行で審査業務を行っていたころ、企業の再生計画を考える際の基本

は、いかにして持続的な収支モデルを実現していくかということだった。売上を拡大するにはどうすべきなのか、同時に、経費や配当、役員報酬等を削減することで資金の社外流出をどう抑えていくか。地域銀行は、これまで取引先の経営再建に向けて行ってきた取り組みを、今度は自らの銀行に当てはめて行うべき段階にある。企業分析を行うにあたっては、部門別収支構造がどうなっているかを把握するのは基本となる。銀行については、預貸収支を中心とした分野と、有価証券分野などになるだろう。しかし、本業とされる預貸部門は収支が悪化していても、聖域視されたなかで抜本的な構造分析も遅れていたのではないだろうか。また、部門別収支で赤字であっても、地域重視のなかでリストラを行うこともタブー視されていた面も多かった。

バブル崩壊後の大手銀行の経営問題は、詰まるところバランスシートにおける不良債権問題だった。当時は現在に比べれば金利水準も高く、安定的な収益は確保できていただけに、公的資金の注入などによってバランスシートからいったん不良債権を除去することができれば、その後は持続的な経営が可能だった。

これに対して現在、地域銀行では、「売上」そのものに問題が生じている。赤字の穴埋めを一時的な公的資金によるミルク補給に頼るわけにはいかないし、そもそも赤字が続くような状況では経営に持続性はない。

収支構造を変えて持続可能なビジネスモデルを構築していくためには、従来以上にコストコントロールが重要になる。

例えば、現状、地域銀行の株主が期待するリターン水準と達成可能なリターン水準には大きなギャップが存在するが、厳しい地域経済を背景に、上場企業として株主から求められる利益水準を維持していくことが難しいのならば、非上場化することで目指すべき利益水準を引き下げることも選択肢になる。その場合、非上場企業の株式の売買や、その株式の発行により資金を集める仕組み

である「株主コミュニティ制度」（注1）を参考に「上場と非上場の中間的な機関」
の創設を制度的に検討すべきだろう。

　金融当局にもかつては上場によって地域銀行の資本を充実させて融資拡大を
実現させるという拡大均衡の発想があった。こうした考え方は1980年代まで
はある程度合理性があり、実際、金融当局も1989年（平成元年）に合併転換法
を用いて相互銀行から第二地銀への普銀転換を促し、また、信金から地銀への
転換も行われた。しかしそれは、規制金利環境下における銀行の超過利潤の存
在と企業の旺盛な資金需要といった戦後の右肩上がりの経済モデルのなかでの
対応であった。金融庁の銀行制度等WGが2020年12月に取りまとめた報告書
で、地域銀行の非上場化も検討課題として盛り込まれたのは金融当局の大きな
発想の転換を示すものだ。

（注1）株主コミュニティ制度とは、地域に根差した企業等の非上場株式の売買や、その
　　　　株式の発行による資金調達を行う制度として2015年に創設され、現在、運営会
　　　　員（証券会社）6社において合計20銘柄が取り扱われている。株主コミュニティは、
　　　　企業（銘柄）ごとに組成され、その株主コミュニティに参加する投資家のみで取引
　　　　が行われる。地域での非上場株式でも一定の取引・換金ニーズが存在するため、
　　　　それに応える制度として存在している。

配当水準の見直しも

　そもそも地域銀行が、外国人投資家による株式保有に対応して高い配当水準
や株主還元を維持する必然性は本当にあるのだろうか（注2）。従来、地域銀行
では本店ビルを新たに建設したり、株式上場を果たすことが大きなステータス
とされた。そのステータスによって地域における信用がさらに高まり、預金獲

得や優秀な人材の確保にも寄与した。しかし、今やそうしたステータスに過度にこだわるあまり、収支状況が悪化しているケースも見受けられる。

　地域銀行の最大の使命は、地域における金融仲介機能の発揮を通じた地域経済への貢献である。実際、ほとんどの地域銀行が経営理念に「地元第一」「地域貢献」といった言葉を掲げている。その精神に立ち返れば、協同組織金融機関である信用金庫や信用組合のように地元の出資者に報いる程度の配当水準とする考え方もありうる。それは地域産業も含めた持続的な地域経済のエコシステムの構築と合わせ、名実ともに地域に戻る選択肢とはいえ、地域銀行にとってのステークホルダーは誰なのかを改めて問い直す機会にもなるだろう。また、持続可能な経営という観点から新たな株主構成のあり方を考える必要もある。

（注2）「株主構成の変化が地域銀行の経営に与える影響」（日本銀行　北村冨行・小島早都子氏、証券アナリストジャーナル2019年4月）では、外国人株主のプレゼンス拡大が銀行経営に与える影響を分析している。そこでは、外国人投資家比率の上昇で地域銀行の配当支払いの積極化が促され、その結果、基礎収益率が低下しており、自社株買いの積極化も促されると指摘している。外国人株主の比率を高めて自らの収益力以上の配当や株主還元を行うことは、持続的経営やストレス耐性の観点から問題となるだろう。

視野に入る「逆普銀転換」

　図表6-8は、株式会社形態の銀行と協同組織形態である信金・信組のガバナンスと業務内容などを比較したものである。信用金庫や信用組合などの協同組織金融機関と銀行が行うことができる固有業務は基本的に同じである。ただし、信用金庫や信用組合は「会員・組合員のために」業務を営むことが前提となる。

　また、協同組織金融機関は、相互扶助を理念とし、非営利という特性を有し、地域の中小企業や個人に必要とする資金を融通することが目的とされる。そのため、税制上の優遇措置も講じられている。

　また、図表6-9は協同組織金融機関と銀行の子会社業務範囲規則を比べたものである。協同組織金融機関は、不特定多数の者を顧客として広範な事業活動を行いうる会社を保有することは制限されている（ただし、地域再生の観点から、地域商社など一定の高度化等会社を保有することは可能と考えられる）。

　このように銀行と協同組織金融機関との間には業務範囲の面で違いがあるものの、地域銀行にとって協同組織金融機関のガバナンスとディスクロージャーのあり方は一つのモデルになるのではないだろうか。

　なお、制度的には合併転換法により、異種の金融機関（銀行、信金、信組等）相互間の合併・転換が可能である。ただ、この法律は、1968年に公布された古文書のような存在であり、今日的な課題を踏まえ、新たな視点での異種金融機関同士の合併のあり方が議論される時期にきている。前述したとおり、金融審議会の銀行制度等WGが前述の報告書で、この合併転換法の規定について、所要な整備を行うとの考え方を示していることは注目される。こうした古文書があえてこの時期に引き出しの奥から持ち出されたのは相応の意味があろう。すなわち、金融当局として「信金成り」を含めた幅広い選択肢を用意するということである。平成の初めにいくつかの「普銀転換」があったが、金融庁としては「令和の逆普銀転換」も視野に入れているということである。

「広島カープモデル」に見習う

　原爆投下で焦土と化した広島で戦後、誕生したプロ野球チーム、広島カープ（現 広島東洋カープ）を支えたのは、広島市民による資金支援であったとされる。

［図表 6-8］ 銀行と信金・信組の比較

		信用金庫
組織		
根拠法		信用金庫法
組織形態		協同組織
地区		定款で定める地区
会員・組合員［株主］		地区内に住所または居所・事業所を有する者、地区内において勤労に従事する者など
		事業者の制限 従業員300人以下または資本金等9億円以下
議決権		1会員・組合員につき1議決権
サービスの提供相手等に係る制限		
固有業務	預金等	制限なし
	貸付け等	会員・組合員以外は貸付け等総額の20％以内 金融機関等への貸付けは制限なし
	為替	制限なし
付随業務		一部の業務（債務保証等、有価証券の貸付け、ファイナンス・リース業務）は会員等・組合員等に限定
法定他業等		一部の業務（地方債・社債等の募集・管理受託業務等）は会員等・組合員等に限定

※【信用組合の組合員たる資格】ただし、小売業を主たる事業とする事業者については従業員50人以下または資本金等5千万円以下、サービス業を主たる事業とする事業者については従業員100人以下または資本金等5千万円以下、卸売業を主たる事業とする事業者については従業員100人以下または資本金等1億円以下。

［図表 6-9］ 協同組織金融機関の子会社業務範囲と銀行

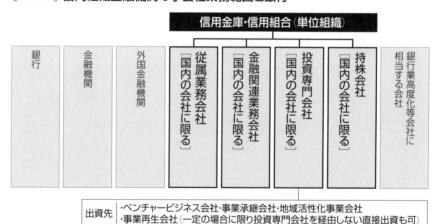

注　中央機関（連合会）は、銀行業高度化等会社に相当する会社を子会社として保有可能であるなど、単位組織とは一部異なる規制が適用される。

126

信用組合〔地域〕	［参考］銀行
中小企業等協同組合法 協同組合による金融事業に関する法律	銀行法
協同組織	株式会社
定款で定める地区	──
地区内に住所または居所・事業所を有する者、地区内において勤労に従事する者など	制限なし
事業者の制限 従業員300人以下または資本金等3億円※以下など	
1会員・組合員につき1議決権	1株につき1議決権

信用組合〔地域〕	［参考］銀行
組合員以外は預金等総額の20％以内	制限なし
会員・組合員以外は貸付け等総額の20％以内 金融機関等への貸付けは制限なし	
制限なし	
一部の業務（債務保証等、有価証券の貸付け、ファイナンス・リース業務）は会員等・組合員等に限定	
一部の業務（地方債・社債等の募集・管理受託業務等）は会員等・組合員等に限定	

（出所）金融審議会 銀行制度等ワーキング・グループ事務局説明資料

銀　行								
銀行	金融機関 ［証券・保険・信託等］	外国金融機関 ［銀行・証券・保険・信託］	従属業務会社	金融関連業務会社	投資専門会社	持株会社 ［中間・外国］	込まれる業務］を営む会社 ［資する業務又は見 若しくは銀行の利便の向上に ［銀行の営む銀行業の高度化	銀行業高度化等会社 情報通信技術 その他の技術を活用した

出資先	・ベンチャービジネス会社・事業承継会社・地域活性化事業会社 ・事業再生会社（一定の場合に限り投資専門会社を経由しない直接出資も可）

（出所）金融審議会 銀行制度等ワーキング・グループ事務局説明資料

監督自らが金策に走り回った貧乏球団は何度も解散、身売りの危機に見舞われたが、それを救ったのは「広島からプロ野球チームをなくすな」との思いでなけなしのお金を募金した地元の人々だった。

こうした「広島カープモデル」は地域銀行にも応用できるのではないだろうか。すなわち、地域銀行に地元自治体も含めて地域の人たちが出資し支える仕組みの確立である。地域銀行、自治体、住民という地域経済を支えるすべての人たちが、地元経済の活性化に当事者意識をもって参画し、相互に建設的な意見をぶつけあうことは、地域でしかできないエコシステムのあり方だろう。

もちろん、地域銀行に対するガバナンスは重要である。地域銀行が上場する目的の一つは株主のチェックを通じたガバナンスの強化である。ただ、株式会社組織にして、上場しないと十分なガバナンスを確保できないわけではない。実際、地域の関係者が出資している信用金庫や信用組合の多くは、協同組織形態であり上場していないにもかかわらず、ガバナンスがしっかりと機能している。今後、株式会社組織ではあるものの上場はしていない地域銀行を念頭においたガバナンスやディスクロージャーのあり方について、協同組織金融機関のケースを参考に議論を深めていくべきではないだろうか。その際には株主コミュニティ制度における非上場株式に一定の流動性を付与する仕組みも検討課題となろう。今後、非上場株式の流動性は資本市場において重要な課題になるだろう。

現在上場している地域銀行が非上場化する場合、課題となるのは経営者が既存株主から株式を買い戻すため（MBO）に必要となる資金をどう手当てするかということだろう。また、その資金を拠出する主体のあり方も議論になるだろう。

地域全体で地域銀行を支えるという「広島カープモデル」の考え方を踏まえれば、地元の自治体や有力企業、さらには広く住民が資金を拠出しあうのが理

想である。地域銀行のなかには岩手銀行のように県が出資をしているケースも
あり、選択肢の一つとなりうる。また、前述したようにコロナショックは過去
の危機とは異なり資産価格の下落が生じていないことで、国内に資本が温存さ
れている。その資本を地域経済の活性化にどう振り向けていくかもポイントと
なる。新たな株主構成による地域での「共助」の発想でのガバナンスのあり方
を従来の固定観念や業態に捉われることなく、コングロマリット的展開を考え
る必要がある。

　さらにもう一つの方法として、改正金融機能強化法に基づく公的資金を活用
し、国が出資をすることで非上場化を行うことも考えられるのではないだろう
か。すなわち「公助」の発想である。その場合、当面は国が地域銀行のガバナ
ンス機能を担うことになるが、地域銀行の再編を促す改革の集中期間における
トータルな政策の一つとして検討すべきではないだろうか。

　地域銀行を巡っては自らが主体的に動く「自助」に加え、地域での「共助」、
政府も含めた「公助」といったあらゆる選択肢のなかから生き残りのための資
本戦略を探る段階にある。

　また、地域銀行の上場規定に関しては、東京証券取引所の特例的対応として、
例えばコロナ危機下の地域再生に向けた一回限りの措置として上場廃止を認め
るといったことも考えられるのではないだろうか。

注目されるSBIグループの動向

　地域銀行への出資に関しては、SBIグループのいわゆる「第4のメガバンク
構想」が関心を集めている。出資先は2020年12月末段階で、島根銀行、福島
銀行、筑邦銀行、清水銀行、東和銀行、きらやか銀行、仙台銀行の7行である。
SBIグループでは出資した地域銀行に対して、「システムコストの削減」「資産

運用の高度化」といった課題を克服していくためのソリューションを幅広く提供していくとしている。地域銀行の場合、信用金庫における信金中金、信用組合における全信組連のような上部団体がないだけに、共同で有価証券運用を行ったり、システムを共同化したりすることは経営戦略として有効だろう。

　ただ、株主でもあるSBIグループが主導する有価証券運用においては、短期的な収益確保を狙った運用になる可能性を排除できない。運用難にあえぐ地域銀行がSBIグループに期待しているのは、あくまでも独立したポートフォリオへのアドバイスであり、顧客本位の業務運営の精神に立ち、利益相反への徹底した管理が必要である。SBIグループとしても、地域銀行の顧客の立場に立ったサポートができるかが問われている。

　現実には、SBIグループによる出資先には資本が見劣りする地域銀行も多い。それだけに公的資金の活用も含め、今後、SBIグループが資本政策にどのような形で関与していくかも注目される。

　SBIグループの動きは、経営の持続可能性に危機感を抱いていた地域銀行にとって、選択肢を広げ再編に向けたきっかけを与えている面はあるだろう。今後、SBIグループ以外でも地域銀行を組織化する動きが生じる可能性もある。

第4の段階〜業態転換による「脱銀行」化

　戦後、構造不況の業種に対して行われてきた産業政策の一つに、新たな業種への転換により新しい市場を確保すること、そして同時に業態転換まで図ることがあった。

　戦後、日本の産業では、業態転換が繰り返された。エネルギー革命による石炭から石油への転換、1970年代の為替自由化・円高による繊維産業から新素材産業への転換、1980年代には石油価格高騰に伴うアルミ産業を中心にした

重厚長大産業の構造改革、最近でもフィルムが使われなくなるなかでの写真関連産業の業態転換など枚挙に暇ない。そうしたなか、銀行業だけが100年以上、過去の成功体験をひきずり、「預金」「貸出」というビジネスモデルを墨守している。

　現在、地域銀行に限らず日本の銀行の戦略の基本は、預貸業務を中核とする商業銀行業務中心のビジネスモデルから、総合金融サービス業への転換、「脱銀行」化である。具体的には、資本を仲介する投資銀行的機能、実業も担う商社的機能、経営人材を派遣する人材派遣業、モノの仲介も含めたリース機能、家計の多様な資産運用ニーズに対応する信託機能・資産運用機能、リスク性の金融商品の販売を担う証券販売機能など、これまでの「カネ、情報」だけではなく「ヒト・モノ」をも仲介するビジネスモデルであり、そこではコングロマリット的、ポートフォリオ的な経営の考え方が必要となる。また、2020年の金融審議会の銀行制度等WGでの業務範囲拡大や出資規制の緩和は、業態転換も視野にした「脱銀行」の流れに沿ったものと評価される。

　地域銀行においては、強みであるネットワークや人材・情報の豊富さを活かし、非金融分野も含めて地域価値をいかに高めていくかという発想が重要である。この点に関して、最近の地域銀行の中期経営計画等においては地域経済の活性化に関する数値目標が示されており注目される。

強まる金融庁によるモニタリング

　以上、戦後、構造不況業種で行われた産業調整を今日の地域銀行に当てはめて検討をしてみたが、金融当局はどのような姿勢で地域銀行と向き合い、今後、再編に向けた動きにどう対応しようとしているかを確認してみたい。

　金融庁は2020年2月、「地域金融機関の経営とガバナンスの向上に資する主

［図表 6-10］ 金融庁が示したコア・イシューの8項目

論　点	内　容
地域銀行の経営理念	経営理念には、責務（ミッション）・価値観（バリュー）・目標（ビジョン）といった側面がある中で、自行の経営理念はどのようなものか。経営理念は、どのように行内に浸透しているか。
地域社会との関係	自行は、地域社会との関係をどのように考えているか。また、地域社会のステークホルダーとどのように対話しているか。
経営者の役割	経営トップは、自行の強み・弱みなど、現状をどのように把握し、どのように評価しているか。仮に課題があると考える場合、その解決に向けて、先送りすることなく、どのような取組みを行っているか。
取締役会の役割	自行の現状を踏まえて、取締役会に期待する役割をどのように考えているか。社外取締役にどのような役割を期待しているか。取締役会、社外取締役の役割の発揮状況をどのように評価しているか。仮に課題があると考える場合、その解決に向けて、どのような取組みを行っているか。
経営戦略の策定	自行において、どのようなプロセスを経て経営戦略を策定しているか。経営理念と経営戦略の関係性をどのように考えているか。経営戦略の実践状況の検証や今後の戦略への反映など、PDCAプロセスはどのようなものか。
経営戦略の実践	経営戦略を実践するに当たって、コストとリターンや、リスクとリターンのバランスの分析や、それに基づくポートフォリオ（業務の構成と経営資源の配分）の構築をどのように行っているか。
業務プロセスの合理化や他機関との連携	経営戦略を実践するに当たって、経営環境の変化等を踏まえて、業務プロセスの合理化や他機関との連携などをどのように考えているか。
人材育成、モチベーションの確保	経営理念等を踏まえ、自行の行員に求められる能力をどのように考えているか。そのための人材育成に向けて、どのような取組みを行っているか。役職員が、業務に誇りとやりがいを感じるとともに、安心して働ける環境を整備するために、どのような取組みを行っているか。

（出所）金融庁

[図表6-11] **金融庁の令和2事務年度の金融行政方針**

地域金融機関（地域銀行及び協同組織金融機関）においては、優秀な人材、地域からの信頼、地域におけるネットワークなどの重要なリソースを、地域社会の抱える様々な課題の解決に生かし、地域と共有される付加価値を創造していくことが重要だ。また、事業者への経営改善・事業再生支援等を通じた地域経済の活性化に一層の役割を果たすためにも、自らが、持続可能なビジネスモデルを構築し、将来にわたって健全性を維持していくことが必要だ。こうした観点から、金融庁として、コロナ禍の状況等も注視しつつ、地域金融機関の経営状況やガバナンスについて、深度あるモニタリングを行っていく。

コロナ禍等による、事業者の経営状況の変化や、内外の金融市場の変動等について、リアルタイムで注視していく。その上で、持続可能な収益性や将来にわたる健全性に課題がある地域金融機関とは、早期警戒制度等に基づく深度ある対話を行い、持続可能なビジネスモデルを構築するための実効性のある対策を求めていく。その際、先の通常国会で成立した改正金融機能強化法や独禁法特例法をはじめとする各種施策の活用、システム等の業務基盤・管理部門の効率化も含めて、経営基盤の強化にどのような方策があり得るか、幅広く検討を促す。

また、地域金融機関の抱える課題に応じて、経営トップをはじめとする金融機関各階層の職員や社外取締役との対話や、リモート技術も活用した検査等を適切に組み合わせ、モニタリングを行う。特に、経営トップとの間では、「コア・イシュー」も活用して対話を行う。また、対話に当たっては、「心理的安全性」の確保に留意する。

金融市場の変動等が各行に与える影響等も踏まえつつ、有価証券運用態勢等について課題が見られる地域金融機関については、早め早めにリスク管理態勢の向上等に向けた対話を行う。

また、検査マニュアル廃止後の融資や引当等に関する地域金融機関の取組みについて、「検査マニュアル廃止後の融資に関する検査・監督の考え方と進め方」に基づいて、工夫事例の把握に努める。

あわせて、地域金融機関による、持続可能なビジネスモデルの構築や、地域の事業者への支援等を促す観点から、例えば、システムコストの見直しに係る対話の実施、政府事業も活用した人材マッチングの推進等を進めていく。このほか、地域への経営人材の円滑な移動や兼業・副業を実現する観点から、大手銀行等の専門経験を有する人材をリストアップして REVIC でリストを管理し、地域の中小企業とのマッチングを促進する。

協同組織金融機関は、相互扶助の理念の下、会員・組合員を通じて地域により深く根差している。コロナ禍での事業者支援をはじめとする金融仲介機能の発揮と健全性の維持の両立に向けた対話に当たっては、こうした特性を踏まえた議論を行う。特に、中小・零細企業に対する支援に配意するよう促す。

（出所）金融庁「令和2事務年度 金融行政方針」

要論点（コア・イシュー）」を公表した（図表6-10）。経営の持続可能性について、トップはもちろん、経営陣の覚悟を問う内容となっており、一定水準のガバナンスを実現していくうえでのチェック項目として活用することができる。

また、図表6-11は金融庁が「令和2事務年度 金融行政方針」で示した地域金融機関に関する指針である。金融庁として、地域金融機関の経営状況やガバナンスに関して、コア・イシューも活用しながらモニタリングを強める方針を打ち出している。

公的資金注入行の「2024年問題」

金融当局による地域銀行に対するモニタリングという点では、すでに公的資金の注入を受けている地域銀行13行（図表6-12）への対応も注目される。金融当局としてはまず、今後の再編の可能性も考慮しながら持続性のあるビジネスモデルの構築について議論することが基本となる。そのうえで、早期警戒制度等を活用した対応も検討されるだろう。

過去に注入された公的資金の優先株がすべて普通株に強制転換される期限が2024年に迫っている地域銀行も多い。仮に、それまでに公的資金を返済できない場合には実質的に国有化される。それだけに、地域銀行の改革を巡る時間軸において「2024年」は重要なタイミングとして意識されやすいだろう。

金融庁は、将来にわたる収益性・健全性の確保の観点から懸念のある地域金融機関に対しては、早期警戒制度等（図表6-13）を活用しつつ、モニタリング等を実施することとしている。早期警戒制度の運用に当たっては、金融機関自らの経営理念・経営戦略に照らし、どのような金融仲介機能を発揮しようとしているのか、必要な人的資源が十分に確保・育成・活用されているかなどに留意するとされる。段階的な対応で地域銀行に対して選択肢を示しつつ経営改革

[図表6-12] **公的資金が残る13の地域銀行**

銀 行 名	東和、北都（フィデアHD）、高知、宮崎太陽、東北、みちのく、筑波、第三（三十三FG）、福邦、南日本、きらやか（じもとHD）、豊和、仙台（じもとHD）

（出所）岡三証券作成

を迫るアプローチがとられる。

　コロナショックで強いストレスがある状況で、集中改革期間に再編を促すためにまず、早期警戒制度を活用して、検査等の強化によって抜本的な経営改善を求めると考えられる。地域銀行は自らのポジションを再確認し、持続的な経営の実現について当局との深度ある対話を行っていく必要がある。

　以上をまとめると、地域銀行全般とはコア・イシュー等を活用したモニタリング、深度ある対話を行うことになる。一方、公的資金を注入されている地域銀行や持続可能な収益性、将来にわたる健全性に懸念がある地域銀行に対しては早期警戒制度も活用しつつモニタリングを強め、そのプロセスのなかで再編も有力な選択肢として検討するよう迫るのではないだろうか。こうした対応はこれまでも行われてきたが、令和2事務年度になり、さらにもう一歩、踏み込んだ段階に入ったと考えられる。金融庁の地域銀行に対する関与が一段と強まる非連続的な動きが生じていることに注目する必要がある。

大幅に緩和される銀行規制

　金融庁は令和2事務年度の金融行政方針で、地域金融機関を念頭に、銀行の業務範囲規制の見直しについても一定の方針を示した（図表6-14）。この指針にのっとり2020年9月から金融審議会の銀行制度等WGで議論が行われ、12月に報告書が取りまとめられた。

現行のアプローチ

「収益性改善措置」

足元の基本的な収益指標を基準として、収益性の改善が必要と認められる銀行に対してヒアリング等を実施し、改善を促す。

必要に応じて、
- 報告徴求命令（法第24条）
- 業務改善命令（法第26条）を発出。

※上記のほか、
- 信用リスク改善措置
- 安全性（市場リスク）改善措置
- 資金繰り改善措置がある。

「収益性改善措置」を見直し

新たなアプローチ

「持続可能な収益性」や「将来にわたる健全性」に着目した早めのモニタリングを実施

ステップ1

以下の項目について、足元の傾向が継続すると仮定した場合の将来（概ね5年以内）のコア業務純益（除く投資信託解約損益）やストレス事象を想定した自己資本比率を算出。

- 貸出金・預金利息
- 有価証券利息配当金
- 役務取引等利益
- 経費　等

これらの状況が一定の水準を下回る銀行に対して、ステップ2の対応を実施

　筆者もメンバーの一人として議論に参加した今回の報告書は、サブタイトルが「経済を力強く支える金融機能の確立に向けて」となっているように、ポストコロナの日本経済の回復・再生、デジタル化や地方創生など持続可能な社会の構築に向けて、銀行規制を抜本的に見直す内容になっており、銀行の兄弟会社・子会社を中心に規制を緩和することを提言している。

　まず業務範囲規制について、現行規制上、銀行からの100%出資が可能であり、従属業務会社のように収入依存度規制（自社グループからの収入が総収入の50%（ATM保守点検業務などは40%）以上で、かつ親銀行からの収入があること）が適用されない銀行の兄弟会社の一つと位置付けている銀行業高度化等会社の認可対象を拡大し、デジタル分野や地方創生につながる事業であれば幅広く認めるとした。また自行アプリ・ITシステムの販売やATM保守点検などを担ってきた従属業務会社も今後は銀行業高度化等会社の認可が受けられるようになる。認

ステップ2

銀行自らが想定する将来の収益や自己資本の見通しについて、以下の観点から総合的に妥当性を検証。

- 地域の経済状況や顧客基盤の見通し
- 実施予定の施策とその効果（トップラインの増強、経費削減、増資等）
- 追加コストの発生（本店立替・償却、システム更改費用、減損、繰延税金資産の取崩し、信用コスト等）
- 有価証券の益出し余力など

その際、銀行が自らの経営理念・経営戦略に照らし、どのような金融仲介機能を発揮しようとしているか、必要な人的資源が十分に確保・育成・活用されているか等に留意。

ステップ3

ステップ2の結果、例えば、将来の一定期間（概ね5年以内）に、コア業務純益（除く投資信託解約損益）が継続的に赤字になる、または最低所要自己資本比率を下回ることが見込まれる銀行に対し、

- 検査等を実施し、業務運営やガバナンスの発揮状況等について深度ある検証を実施。
- 報告徴求命令のほか、業務改善を確実に実行させる必要があると認められる場合には、業務改善命令を発出。

（出所）金融庁

[図表6-14] **銀行の業務範囲等の見直し**

（ア）銀行グループが、地方創生に資する業務など社会的に意義のある業務に積極的に取り組むことができるよう、銀行の子会社や兄弟会社の業務範囲に関する規制を見直す

（イ）地域における事業再生や事業承継、ベンチャービジネスを支援していく観点から、銀行グループによる一般事業会社への出資に関する規制を見直す

（ウ）銀行グループと事業会社グループとの間のイコール・フッティングを確保する観点から、一般事業会社による銀行保有のあり方について検討する

（エ）銀行グループが保有する人材やデータ、IT システムなどのリソースを最大限に活用する観点から、銀行（本体）や子会社、兄弟会社が営むことができる業務に関する規制を見直す

（オ）我が国の銀行グループの国際競争力を強化する観点から、銀行の、海外における子会社や兄弟会社の業務範囲に関する規制を見直す

出所）金融庁「令和2事務年度 金融行政方針」

[図表 6-15] **銀行の業務範囲規制等の見直し**

デジタル化や地方創生など持続可能な社会の構築

業務範囲規制

(1) 子会社・兄弟会社　　　　　現　　行

> **銀行業高度化等会社**【収入依存度規制なし】
>
> **デジタル**　など
>
> ■他業認可
>
> | フィンテック | 地域商社（在庫保有、製造・加工 原則なし） |
> |---|---|
>
> **従属業務会社**【収入依存度規制の法令上の厳格な数値基準】
>
> | 自行アプリやITシステムの販売 | データ分析・マーケティング・広告 |
> |---|---|
> | 登録型人材派遣 | ATM保守点検 |
> | 印刷・製本 | 自動車運行・保守点検 |
>
> など

(2) 銀行本体
銀行業の経営資源を活用して行う範囲において、銀行本体が営むことも可能に

自行アプリやITシステムの販売	データ分析・マーケティング・広告

---

(3) 出資規制（5%・15%ルール）

- ●投資専門会社によるコンサル業務を可能に
- ●事業再生会社・事業承継会社やベンチャービジネス会社の出資可能範囲・期間の拡充
  （早期の経営改善・事業再生支援や、中小企業の新事業開拓の幅広い支援を可能に）
- ●非上場の地域活性化事業会社について、事業再生会社などと同様に議決権100%出資を可能に

国際競争力の強化

(4) 外国子会社・外国兄弟会社（外国金融機関等の買収に係る環境整備）

- ●買収した外国金融機関の子会社である外国会社について、現地の競争上必要性があれば、現地法令に準拠する限り継続的な保有を認めることを原則に
- ●リース業や貸金業を主として営む外国会社について、迅速な買収を可能に

見 直 し 後

銀行業高度化等会社【収入依存度規制なし】

| デジタル | 地方創生 | などの | 持続可能な社会の構築 |

■他業認可
- ●個別列挙・制限なし（銀行の創意工夫次第で幅広い業務を営むことが可能）
- ●認可を受けることですべての従属業務を収入依存度規制なしに営むことが可能（明確化）

■通常の子会社・兄弟会社認可

①フィンテック	②地域商社（在庫保有、製造・加工 原則なし）
③自行アプリやITシステムの販売	④データ分析・マーケティング・広告
⑤登録型人材派遣	⑥ATM保守点検
⑦障害者雇用促進法に係る特例子会社	⑧地域と連携した成年後見

従属業務会社【法令上の数値基準を削除（必要に応じガイドラインに考え方を示す）】

| 印刷・製本 | 自動車運行・保守点検 | など |

| 登録型人材派遣 | 幅広いコンサル・マッチング |

（出所）金融庁

可される具体的な事業は図表6-15の①〜⑧の8業務が個別列挙されているが、認可基準が緩和されることで、機動的にさまざまな業務分野への進出が可能になると思われる。

さらに銀行業高度化等会社の認可に当たっては、出資が全額毀損した場合でも銀行の財産・損益が良好であると見込まれること、優越的地位の乱用や利益相反取引の著しい恐れがないことなどがチェックされていたが、銀行の兄弟会社が図表6-15に示した8事業を行う場合において、銀行グループの財務健全性やガバナンスが十分であると認められれば、これまでの「認可制」ではなく「届け出制」によって事業を営むことを容認するとしている（子会社については、出資が毀損した場合の銀行本体への影響の大きさを考慮し認可制を継続）。銀行業高度化等会社の設立が認可制から届け出制に切り替わることで、金融庁によって届け出た事業の収支計画などが審査されたり、修正を迫られたりすることはなくなるとみられる。

また、出資規制（いわゆる5％、15％ルール）も大きく緩和される。現状、銀行とその子会社が合算して国内の一般事業会社の議決権の5％（銀行持ち株会社とその子会社の場合15％）を超えて取得することは、銀行法ならびに独禁法により原則禁止されている（ただし、ベンチャービジネス会社や事業再生会社など一定の会社の議決権の取得は例外として認められている）。2019年10月の銀行法施行規則等の改正により、銀行が投資専門子会社を通じて事業承継会社へ100％まで出資を行うことが可能となったが、これまでは出融資関連業務に限られていた。

これに対して今回の銀行制度等WGの報告書では、投資専門会社にコンサル業務を解禁しハンズオン支援能力を強化することや、事業再生会社・事業承継会社・ベンチャービジネス会社の出資可能範囲・期間の拡充などについての方向性が示された。

具体的には、事業再生会社に関しては、早い段階からの経営改善・事業再生

支援を可能にするために、事業再生会社に係る要件が緩和される。事業承継会社については、100％出資できる期間を5年から事業再生会社と同じ10年に延長されることになる。非上場の地域活性化事業会社については、事業再生会社などと同様に議決権100％出資が可能となる。こうした規制緩和を受け、今後は持ち株会社のもとに銀行の兄弟会社として投資専門会社を設立し、多様な展開を図っていくことが期待されている。

　従来、日本の金融構造において、大企業に関しては市場での資本性資金の調達を大手金融機関が仲介するというルートが機能していた。一方、中小零細企業の資金調達はもっぱら地域銀行からの融資が中心であり、大企業と中小企業の間には「資本性資金の崖」が存在していた。コロナショックでは「コロナ7業種」を中心に、そうした「資本性資金の崖」を超えた金融仲介をいかにして地域銀行が実現していくかが重要である。そこでは未公開株式への投資も含めた対応、すなわちプライベートエクイティファンド的な活動も重要になる。地域銀行としていかに地域密着型投資銀行業務を展開していくかが問われている。事業再生や事業承継に向け、非上場企業などへの出資可能範囲・期間の拡充が行われることはその大きな一歩になる。

　今回の規制緩和は、コロナショックで苦しむ地域経済の「面的再生」を支援するものでもある。その点に関しては、地域銀行からは長年、不動産の仲介業務への参入についての規制緩和要望が挙がっているが、現状、不動産業者への配慮から認められていない。ただし、不動産分野への取り組みは、高齢社会のなかでのニーズも高いだけに、規制が緩和される子会社・兄弟会社を活用しながら柔軟に対応していく必要があるだろう。

　不動産分野については、バブル崩壊やミニバブル期のトラウマを抱える分野であった。また、アパートローンへの過大な依存への問題はあったものの、不動産分野は今後も地域銀行にとって重要分野である。「株・不動産は悪」とい

［　目　的　］	人口減少地域等においてポストコロナの地域経済の回復・再生を支える金融機能を維持
［対象金融機関］	合併・経営統合その他の抜本的な事業の見直しを行う地域銀行等 資金交付を受けようとする地域銀行等は、資金交付の申請時に経営強化計画を策定・提出
［　交　付　額　］	事業の見直しに必要な追加的な初期コスト（システム投資等）の一部
［　財　源　］	預金保険機構の利益剰余金を活用
［監督・モニタリング］	ポストコロナの地域経済に回復・再生に資する経営基盤を構築できるか審査し、5年間進捗をモニタリング
［　申　請　期　間　］	5年間（申請期限：2026年3月末）

（出所）金融庁

う意識が日本の資産市場に生じているが、これらを重要な国富として重視する健全な資産市場への意識を育成することが必要である。マイナス金利も含めた超低金利は一般貸出には大きな影響を与えにくいが、不動産向けにはプラスに働くことがグローバルにもみられることから、不動産分野の取り込みは地域銀行にとって重要である。

金融庁の補助金、日銀の特別金利という「アメ」

　菅政権が政策課題の一つに「地域銀行再編」を掲げたこともあり、金融庁は以上の政策対応に加え、地域金融機関の再編を促す「資金交付制度」（図表6-16）を2021年夏に向けて創設することを決めている。地域銀行や信金が合併や経営統合に踏み切った場合、システム統合などの費用の一部を、最大30億

円を上限に、国が負担する制度である。「補助金」の原資には預金保険機構の剰余金350億円を活用し、2021年度から2025年度までの5年間を申請期間とする方針である。1行当たり最大30億円程度の資金を交付し、10数行の再編をサポートすることを想定している。

　資金交付制度は、明らかに地域銀行を再編に誘導する「アメ」と考えられる。ただし、補助金という選択肢を用いる限りは、金融当局として地域銀行に対して単なる再編にとどまらず、経営改善やビジネスモデル改革に関するコミットメントを求めることになるだろう。地域経済の再生についても従来以上にモニタリングを強めていくのではないか。例えば、「コロナ7業種」の再生等の実績をモニタリング項目の一つとすることなどが想定される。

歩調合わせる日銀

　金融庁と軌を一にする形で、日本銀行も2020年11月に、「地域金融強化のための特別当座預金制度」を発表し、地域金融機関の経営基盤強化に向けた取り組みを後押しする制度を導入した（図表6-17）。日銀としても2020年代後半に向けて地域銀行の自己資本比率が8％を割るリスクシナリオも考えられるなか、その前段階で経営基盤強化に向けた取り組みを後押しする必要があると判断したわけである。

　特別当座預金制度は金融政策との関係でも議論がある。そもそも地域金融機関の収益力低下は日銀のマイナス金利政策が原因の一つという側面もあり、今回の日銀の対応は単にマッチポンプのようなものとの指摘もある。すなわち、日銀は補助金を出すような政策を行うなら、その前にまずマイナス金利を正常化させるべきであり、本末転倒ではないかとの見方である。

　ただ、マイナス金利も含めたマクロ制約をグローバルな経済環境における所

[　概　　要　]	地域経済を支えながら経営基盤強化に取り組んだ地域金融機関に対し、日銀当座預金に上乗せ金利（年+0.1%）を支払う 3年間（2020年度－22年度）の時限措置
[　対　象　先　]	地域銀行・信用金庫 その他の金融機関は、協議も踏まえて決定
[　要　　件　]	地域経済の持続的な発展に貢献する方針であり、かつ、次のいずれかを満たすこと 一定の経営基盤の強化を実現すること （OHR:経費/業務粗利益を3年間で▲4%以上引き下げる等） 経営統合等により経営基盤の強化を図ること

（出所）日本銀行

与として考えるならば、特別当座預金制度というインセンティブを付与し地域金融機関の改革を後押しする政策も、日銀のプルーデンス政策のメニューの一つと位置付けてもよいのではないか。

　日銀はマイナス金利政策の地域銀行への副作用を認識しつつも、なお、マイナス金利政策を続けることが求められるという苦しい立場にある。特別当座預金制度は事実上、マイナス金利政策の骨抜きという側面もあるが、日銀としてはぎりぎりのナローパスということなのだろう。

　特別当座預金制度の恩恵は比較的大手の地域銀行ほど受けやすく、その意味では、呼び水効果を狙ったインセンティブ付けと考えられる。その一方で、OHR（経費率）が低下し特別当座預金制度の恩恵に与り収支が改善する銀行と、OHRが低下せず収支も改善しない銀行の格差は一層拡大していくだろう。その意味ではこの制度の活用の可否が市場の評価の尺度の一つと認識され、地域

銀行にとっては「アメ」ではなく「ムチ」になる可能性もある。

　いずれにせよ、金融当局の政策対応としては、日銀も地域銀行の再編に関するインセンティブ政策に加わったことが大いに注目される。

銀行と犬のしつけ

　地域銀行だけでなく、「銀行」は長らく規制産業として保護され、しかもそれが成功体験として組織の隅々にまで染みついている。それだけに「脱銀行」と言っても、その実現は容易ではないだろう。筆者はこうした状況を金融機関の方々には失礼ではあるが、「犬のしつけ」に例えて議論してきた。

　筆者は自宅で犬を飼っているが、犬をしつける時に、家のなかで人間が暮らす場所には立ち入れないように柵を囲って区分することがある。そして、その柵を越えそうな時は軽く叩いて罰を与える動作を繰り返していくと、柵を取り外しても、柵があった場所の外側には出なくなる。

　日本の銀行は戦後、旧大蔵省による護送船団方式のもと、箸の上げ下ろしまで当局によって指導される状況が続いた。当局にお伺いを立てなかったり、その意向を無視したりすれば、さまざまな形で「罰」を受けた。また、護送船団方式は最も競争力の弱い銀行も生き残れるように配慮した政策であり、新たな業務を行っても創業者利益を享受させにくいような対応がとられてきた（ほかの産業と異なり、銀行ビジネスでイノベーションが起きにくい状況が続いてきたのはそうした行政対応にも原因があるだろう）。その結果、いざ、金融が自由化され、規制がなくなっても、従来の規制の外には出ないといったマインドセットになってしまっているのではないだろうか。こうした状況は、金融庁になってからも色濃く続いた。

　前述したように金融庁は現在、銀行の業務範囲の見直しなど、規制緩和に大

	収益力の強化	経費の合理化	合併・経営統合など
金融機関の取組み	○フィンテック ○地域商社 ○投資運用業者との連携 ○海外業務の拡大	○共同化・業務提携 ・ATM ・店舗 ・システム ・バンキングアプリ	○県内など 　同一・隣接地域の合併 ○銀行持株会社を活用した、 　同一・隣接地域にとどまらな 　い経営統合（広域化）

	規制緩和		経営基盤強化に向けた その他の環境整備
政策対応の方向性	●デジタル・地方創生等 　業務の拡充・追加 ・企業のデジタル化支援 ・地域の人材派遣 ・持続可能な社会の構築 等 ●出資を通じたハンズオン 　支援機能の強化 ・ベンチャービジネス会社 ・事業再生会社・ 　事業承継会社 ・地域活性化事業会社 ●海外金融会社の 　買収円滑化	●バックオフィス業務などの 　さらなる合理化 ・収入依存度規制の見直し ●銀行代理店の 　業務範囲の拡大 ・兼業代理店による融資仲介 ●「非上場化」に関する 　留意点の整理	●独占禁止法の特例法 　（2020年11月施行） ●上記特例法の 　施行にあわせ、 　金融庁「サポートデスク」 　設置 ●資金交付制度の創設 ・ポストコロナの地域経済の回 　復・再生を支える金融機能の 　維持 ・抜本的な事業の見直しを支援 ・財源は預金保険機構の剰余金

（出所）金融審議会 銀行制度等ワーキング・グループ事務局説明資料

きく舵を切っている。地域銀行にとってもさまざまな選択肢が増えているわけだが、他行に先んじて少しでも新たなことを行うとお目玉を食らった過去の経験がトラウマとなり、新しいことにチャレンジできないといった「犬のしつけ」と同様の状況に陥っているようにみえる。

　図表6-18は、地域銀行の金融機能の確立に向けた金融庁の政策対応をまとめたものである。金融庁は再編も含めた地域銀行の持続可能なビジネスモデルの確立に向け、さまざまな手を打ってきていることがわかる。今やメニューは揃い、ボールは地域銀行側にあると言っても過言ではないだろう。

　前述した金融庁の資金交付制度も日銀の特別当座預金制度も、菅政権が発足

する1年以上も前から検討されてきたという。そのこと自体、地域銀行の経営環境の厳しさと収益力低下に対する当局の危機感の表れと受け止めるべきであろう。コロナショックと菅政権の誕生で図表6-18で示したように地域銀行の改革に必要なミッシングピースは埋まった状況にある。また、図表6-1で示した構造不況業種に対する政策メニューもほとんど揃った状況にある。2021年はその実現に向けた具体的な動きが始まる年と考えられる。歴史の歯車はいくつかの偶然が重なって回り出すが、ひょっとするとコロナショックもその一つかもしれない。

地域銀行改革に向けた「太陽政策」

金融庁はバブル崩壊後の不良債権問題の解決に向けては、金融検査マニュアルの厳格な運用による特別検査、公的資金注入と経営責任の明確化などの「北風政策」で大手銀行を追い込んだ。当時、大手銀行では自己資本や資金繰りに不安があったため、即座の対応が必要であり、最終的には再編へとつながっていった。

一方、今回のコロナショックでは、地域銀行に自己資本・資金繰りの心配はなく、よくも悪くも問題を先送りすることが可能であり、今すぐに改革に踏み出さなければならないというインセンティブは生じにくい。そこでそうした現実を踏まえたうえで、「太陽政策」として金融庁の資金交付制度、日銀の特別当座預金制度が打ち出されたと考えるべきであろう。

図表6-19は、地域銀行の改革を巡る政府・日銀を中心としたサポートの状況を示すものである。これをみると合併・統合、コスト構造の改善、新たな収益を得るといったように、前述の図表6-1で示した構造不況業種への対応に沿った形で政策メニューが示されていることが注目される。

[図表 6-19] **地域銀行を巡る金融当局の政策対応**

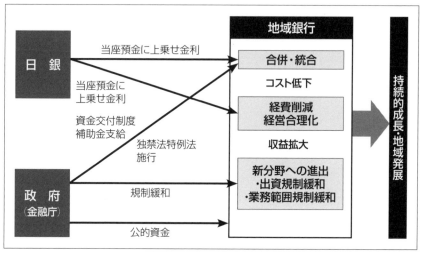

（出所）岡三証券作成

　改革を進めるには、政府が地域銀行は構造不況であるとの認識を明確に示すことで市場参加者の意識を変えていくことが必要である。「脱銀行」をサポートするような政策対応について国民から合意を得ることも必要なプロセスである。その際には、単に、地域銀行という一業態の再生に止まらず、コロナ危機下の企業や地域の再生復興という「大義」が問われることになるだろう。

「お殿様意識」を払しょくし横並び体質から脱却を

　そのうえで最大の問題は地域銀行自身が構造不況の状況にあると認識し、覚悟をもって改革に踏み出せるかだ。まずは自分たちが規制産業であるという「お殿様」的な意識を払しょくしなければならない。また、しばしば指摘される、横並び、前例踏襲の姿勢からの脱却も求められる。

　これまで地銀も第二地銀も原則毎月半ばに全行の頭取、社長が東京に集まり、「例会」という会合を開いてきた。2020年はコロナショックでリモートでの開催を余儀なくされたが、毎月、北海道から沖縄まで、全国の地域銀行のトップが一堂に会する様子は、さながら江戸時代の幕藩体制の参勤交代を思わせるような異様な光景であった。

「例会」では、事務方から提案される議案が「決議」というよりも「報告」が中心で、出席したトップは、もっぱら金融庁・日銀の幹部から監督、規制、金融政策などに関する情報を収集したり、他行の動向をウオッチすることに主眼をおいていたようだ。

　トップが上京した折には秘書的な役回りを果たす東京事務所長は、江戸時代の江戸留守居役の家臣的な存在と言える。彼らは日常的には当局や他行の情報を収集することがミッションとなっている。人事的には、企画部門と同様に登竜門とみなされているようだ。

　こうした体制は預金ファーストのビジネスモデルのもと、当局の方針を踏まえて情報を共有し横並びで業務を行っていた時代には有効だった。しかし、今日では当局の情報公開はきわめて透明性が高く、また、横並びではなく他行と差別化し独自性のあるビジネスモデルを構築していくことができるかが問われている。そこでは、当局や他行という次元ではなく、異業種や海外も含めた幅広いネットワークをいかに構築できるかがカギを握っている。霞が関や他行に向けていたアンテナの向きを変え、横並び、前例にとらわれず異業種も含めユニークな発想を取り入れていくことが地域銀行にも求められている。

2020年代半ばまでを集中改革期間に

地域銀行にとってコロナショックが改革をスタートさせるきっかけとなるで

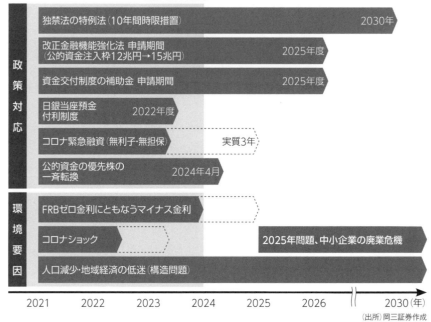

[図表 6-20] 地域銀行の集中改革期間の概念図

集中改革期間

政策対応

- 独禁法の特例法（10年間時限措置）　2030年
- 改正金融機能強化法 申請期間（公的資金注入枠12兆円→15兆円）　2025年度
- 資金交付制度の補助金 申請期間　2025年度
- 日銀当座預金付利制度　2022年度
- コロナ緊急融資（無利子・無担保）　実質3年
- 公的資金の優先株の一斉転換　2024年4月

環境要因

- FRBゼロ金利にともなうマイナス金利
- コロナショック　2025年問題、中小企業の廃業危機
- 人口減少・地域経済の低迷（構造問題）

2021　2022　2023　2024　2025　2026　　2030（年）

（出所）岡三証券作成

あろうことはすでに述べた通りである。実際に、人口減少・高齢化、超低金利といった経営環境の厳しさにコロナショックが加わり、改革に向けた歯車が動き出す兆しがみえる。金融庁の公的資金の活用に当たり経営責任を問わないという姿勢や資金交付制度の創設、日銀の特別当座預金制度なども再編を含めた改革のカタリストになるだろう。

図表6-20は地域銀行の改革の時間軸を整理したものである。コロナショック対応の緊急融資の利払い猶予期間が2023年から2025年までとされていることや前述の政府・日銀の地域銀行に対する支援措置など、2020年代半ばまでさまざまな政策が展開される予定である。地域銀行に注入されている公的資金

[図表6-21] 地域の三位一体改革の概念図

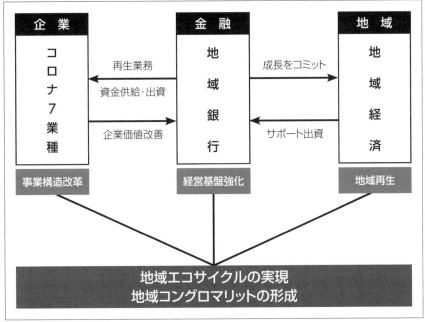

（出所）岡三証券作成

の優先株の一斉転換期限が2024年に集中することも重要なターニングポイントとなる。環境要因に加え、さまざまな政策対応も揃った局面にすでに入っているとの認識のもと、地域銀行としては2020年代半ばまでを集中改革期間と位置付け、非上場化や改革に向けた公的資金活用なども含め柔軟に検討していくべきであろう。インセンティブ付きで地域銀行がビジネスモデルを変更しうるのはコロナショックの影響が残るであろう2020年代半ばまでが最大かつ最後のチャンスになるのではないだろうか。ただしその際に改革に対して国民や地域からの納得感を得ていくことを忘れてはならない。

　集中改革期間は、地域銀行の再生だけでなく、「コロナ7業種」の再生、地

域経済活性化を三位一体として取り組むべきであろう。

　図表6-21に示すように、「コロナ7業種」を中心とした企業の再生－地域銀行の再生－地域経済の活性化を同時に行うこと（三位一体改革）は、菅政権が掲げる地域銀行の改革を中心とした地域再生の考え方ともベクトルが合う。また、これまでのように希望的観測による人口増加を前提にした計画よりも実現性は高いと考えられる。同時に、地域における持続的なエコサイクルを実現させ、地域格差と地域の企業の低生産性の解消を図っていくことになる。そこでは異業種も含めて資本の好循環つくり出すことで地域のコングロマリットを形成して新たな成長モデルを作ることも考えられる。

　政府による資金交付制度や日銀の特別当座預金制度は地域銀行に対する一種の補助金であり、事実上の公的資金の活用である。それだけに単に銀行の救済という側面に加え、企業の再生や地域経済の活性化という外部性が欠かせず、その意味でも三位一体改革は重要である。

　今日、デジタル化や脱炭素化を軸とした50年単位の大きな産業構造の転換期にある。コロナショックこそ日本に訪れた経済構造改革の好機であり、そのなかで地域経済活性化に向けた三位一体改革は日本経済全体にとっても重要である。

第7章

地域銀行の戦略転換

「脱銀行」の実現に向けて

「貸出も行う」ビジネスモデルへ

　企業セクターが資金不足であったことを背景に、戦後長らく銀行は金融仲介の主役の地位にあり、かつ資本家でもあった。銀行が企業に供給する資金は貸出でも事実上の資本、すなわち疑似エクイティであり、企業が業況不振になればハンズオンで人も派遣するプライベートエクイティ機能も有していた。貸出先の資本を補うべく株式持ち合いも行った。銀行はいつも経済活動の中心にあり、それゆえ「銀行員」は「自分たちが経済を回している」との自負を抱いていたのではないか。

　しかし、今日の課題は、経済活動の中心に常に銀行がいるという「天動説的」発想から脱却できるかということだ。事実、銀行自身、金融グループのなかで依然重要な存在ではあるものの、今やグループのなかのあくまでも一つの「機能」として認識される状況にある。なかでも地域銀行の中核業務である預金・貸出は多種多様な金融サービスのなかの一つに過ぎないということを謙虚に受け止めなければならない。

　これは、地域銀行として「脱銀行」を図らなければならないということを意味する。これまで業務の中心であった「貸出」もさまざまな金融サービスのなかのワンオブゼムとなっていくなかで、「貸出も行う」ビジネスモデルへの転換が必要である。

顧客基盤と信頼こそが地域銀行のレゾンデートル

　一方、地域における圧倒的な存在感、ネットワークや顧客基盤の強さといった地域銀行としての強みを再認識することも重要である。そうした強みを改めて確認することは今後の地域銀行の生き残り戦略を考えるに当たっての第1歩

となる。

　地域銀行が有する魅力的な資産の一つは、地域での顧客基盤と信頼である。長年の歴史のなかで築き上げた地元企業や地方公共団体とのつながりや信頼関係はかけがえのないものであり、先進的技術をアピールするフィンテック企業をもってしても太刀打ちできない。そうした地域での絆は、今後デジタル化が進んでも色褪せることはないだろう。このような信頼感の高さは海外の銀行ではみられない日本の地域銀行の特徴である。

　こうした顧客基盤、信頼をベースに、地域社会のなかでは地域銀行を中核としたネットワークやエコシステムがすでにできあがっているが、これまでは、そうした無形資産をマネタイズしてこなかったように思える。すなわち、預金を集めれば十分に儲かるという恵まれた経営環境のなかで、水や電気と同じように、自分たちがビジネスを行っていくうえで当たり前のインフラとしてしか意識されていなかったのではないだろうか。そしてその結果、地域内の秩序を維持することを優先し、ほかの地域など外からの「よそ者」を取り込もうとしなかったのではないだろうか。特に地域銀行の場合、地方自治体の指定金融機関を務めていることも多いだけに、自治体との一蓮托生的気分から抜け出せず、地域経済の衰退の中で宿命としての対応になるケースも多かった。しかし今後は顧客基盤や信頼こそが自らのレゾンデートルであると再認識し、その価値をさらに高めていくような努力をしていくべきである。

　地域銀行のもう一つの強みは、地元の優秀な人材が集まっているということである。しかしこれまでは預金ファーストのビジネスモデルの中で、そうした優秀な人材の能力を十分に引き出していなかったのではないか。預金、貸出、投資商品の販売といった定型業務ではなく、自らでビジネスを切り開いていくような活躍の場を与えるべきだろう。また、地域の中小企業に経営人材として派遣するようなことも検討されていいかもしれない。これからの人材育成は従

来ながらの銀行員の育成ではなく、経営者の発想を有する人材の育成にあると考えられる。

地域密着型投資銀行業務の展開

では、地域銀行はどのようなビジネスモデルを指向すべきなのだろうか。基本的なコンセプトは地域銀行と企業が一体となり地域経済を押し上げ、地域や地元企業の価値を高め、その一端を地域銀行も取り込むというものだろう。具体的には、地域密着型の投資銀行業務の展開が考えられる。そこでは貸出による金利収入に加え、投資による配当収入や出資した企業の価値が上昇した分を保有する株式のキャピタルゲインで獲得していくことなども選択肢になる。また、M&Aの仲介をサポートすることで収入を得ていくことも考えられる。

日本では投資銀行業務の主な担い手は大手銀行や大手証券であるため、地域銀行と伝統的な貸出業務を通じた結びつきが強い地域の中堅・中小企業には、投資銀行的なサービスが行き届いていない。つまり、地域の中堅・中小企業は投資銀行業務の空白地帯となっており、大手銀行がメガバンクに集約された結果、地域銀行は投資銀行業務も含めた幅広い金融サービスを提供し、空白地帯を埋める努力が必要となる。メガに集約されたことで、現状、投資銀行的な業務・サービスを提供できるのは一定の規模以上の企業であり、そうしたサービスの提供を受ければ企業価値が高まるはずの中堅・中小企業まではカバーされていない。

地域密着型投資銀行業務においても、これまで培ってきた地域ネットワークや情報をどう活かしていくかが成否を握っている。また、自らが地域や地元企業のリスクの一端を担うという覚悟が問われる。エクイティカルチャーを備えた専門性の高い「エクイティ人材」の確保も不可欠である。ヒト、カネ、情報

[図表7-1] **相次ぐ地域商社の設立**

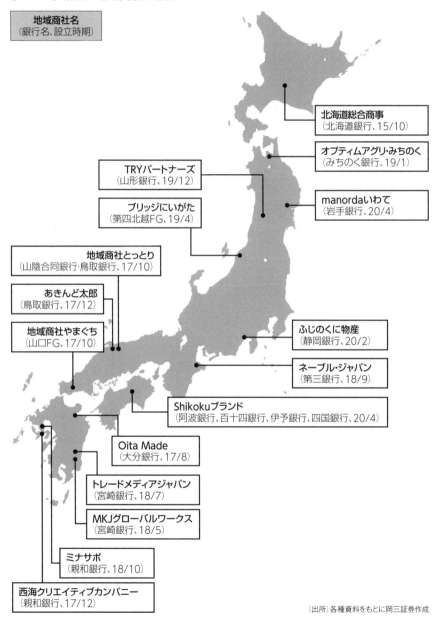

地域商社名
（銀行名、設立時期）

北海道総合商事
（北海道銀行、15/10）

オプティムアグリ・みちのく
（みちのく銀行、19/1）

TRYパートナーズ
（山形銀行、19/12）

manordaいわて
（岩手銀行、20/4）

ブリッジにいがた
（第四北越FG、19/4）

地域商社とっとり
（山陰合同銀行・鳥取銀行、17/10）

あきんど太郎
（鳥取銀行、17/12）

ふじのくに物産
（静岡銀行、20/2）

地域商社やまぐち
（山口FG、17/10）

ネーブル・ジャパン
（第三銀行、18/9）

Shikokuブランド
（阿波銀行、百十四銀行、伊予銀行、四国銀行、20/4）

Oita Made
（大分銀行、17/8）

トレードメディアジャパン
（宮崎銀行、18/7）

MKJグローバルワークス
（宮崎銀行、18/5）

ミナサポ
（親和銀行、18/10）

西海クリエイティブカンパニー
（親和銀行、17/12）

（出所）各種資料をもとに岡三証券作成

という地域銀行が有する経営資源を総動員して「脱銀行」を推進していかなければならない。こうした点については、コロナショックが大きなチャンスにつながる可能性がある。

　最近、地域銀行のなかで地域商社を設立する動きが目立っている。図表7-1は地域銀行による地域商社設立をまとめたものである。このほかにも中期経営計画などで設立を検討している地域銀行は多い。筆者は長年、地域銀行の重要な経営戦略の一つとして地域商社をとりあげてきたが、ここで改めて「脱銀行」に向けての第一の論点として地域商社について考えてみたい。

地域商社を核とした経営改革

　図表7-2は主な地域商社の概要である。地域銀行の関係者からはしばしば「地域商社は本当に儲かるのか」との質問を受けるが、現段階で地域商社そのものが大きく収益に貢献した例はほとんどない。しかし、地域商社の設立を起点として「脱銀行」に向けた経営改革に取り組むスタンスそのものが重要なのではないだろうか。

　地域商社で多くみられるのはまず、地域の物産品を地域内で活用するエコシステムを形成し、さらに地域外にも売り込む地産外商型のビジネスモデルに拡大していくパターンである（図表7-3）。なかには北海道総合商事のように海外に輸出し、外国為替業務を銀行が手掛けるといった事例も存在する。

　当面、地域商社に最も求められるのは「コロナ7業種」を中心に、コロナショックにあえぐ地元の中小企業の支援だろう。地域銀行がもつネットワークやコンサルティング機能を地域商社の器のなかでも活かし、消失してしまった売上回復の道筋を企業とともに考えていくことが必要である。

　総合商社のビジネスが物流での口銭ビジネスから投融資分野にシフトしたよ

[図表7-2] **主な地域商社の概要**

名称	地域銀行	概要
ブリッジにいがた	第四北越 フィナンシャルグループ	商品の新たな販路の開拓や国内外への情報発信による観光振興支援を行う。観光振興では県やJR東日本と連携
地域商社やまぐち	山口 フィナンシャルグループ	山口銀行が山口県と結んだ地方創生の連携協定に基づく。PBブランドの販売も
地域商社とっとり	山陰合同銀行、鳥取銀行、鳥取信用金庫	鳥取県の自治体と地域銀行等により設立された地域商社
北海道総合商事	北海道銀行	地元産品の商流と物流ルートを拡大し輸出に向けた支援を行うために設立された地域商社
OKBブランド	大垣共立銀行	大垣共立銀行がOKBブランドを用いて事業の立ち上げ、地元のプロデューサーとして地方創生
農業法人 春一番	鹿児島銀行	鹿児島銀行が農業法人を立ち上げ。投資するだけでなく、人材を派遣し経営にあたる
TRYパートナーズ	山形銀行	金融機関100%出資の初の地域商社 地域商社事業とコンサルティング事業を兼営
Oita Made	大分銀行	設立時の出資および代表者・社員の人的派遣を実施。県内の魅力ある商品の高付加価値化と販路拡大を支援

(出所)各種資料をもとに岡三証券作成

[図表7-3] **地域商社の概念図**

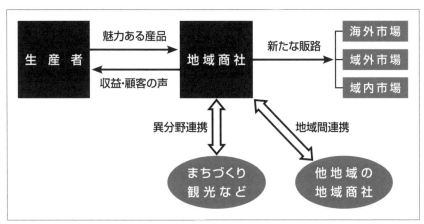

(出所)まち・ひと・しごと創生本部「プロフェッショナル人材事業等について：モデル的な事業に関する参考資料」
（地方創生に関する都道府県・指定都市担当課長説明会、2017年）

うに、地域商社も将来的にはファンド的な性格を帯びていくことは十分ありうるし、むしろその方向を目指すべきだろう。

　大手金融機関ではすでに、リース子会社をはじめ、投融資を担う関連会社からの収益が拡大し多角化している。地域銀行が地域商社における投融資業務を積極化させることは企業のキャッシュフローに遡り、コンサルティング業務などを含めて新たな事業領域の創出にもつながるはずだ。また、最近は地域銀行による企業再生会社の設立、事業承継に絡んだM&A仲介も増えているが、それらも広い意味で地域商社的業務展開と言える。こうした動きは前述のLED戦略の「D」の展開にほかならず、銀行業から金融サービス業への転換が進むことにもなるだろう。

「脱銀行」に向けて、地域商社への期待は大きい。地域銀行は「規制業種」であるとの固定観念を払しょくし、一般の産業と同じ目線で新たな業務分野への進出や業態転換などを検討すべきステージに入っている。その実現に向けて地域商社は重要な役割を果たすと思われる。

　そもそも地域銀行は地方の産業資本が一体となり設立されたものも多く、地域商社の活動は地域銀行の原点回帰という側面もある。地域商社の設立は企業と金融機関が一体となり産業を振興する動きとも考えられ、地域のなかで実際のビジネス（リアルビジネス）に関与してその振興をはかる「器」となりうる。図表7-4に示すように、地域の多くの課題解決に向けて主体的な役割を果たしていくことが期待されている。

規制緩和で届け出制の設立も可能に

　銀行業高度化等会社は2017年の改正銀行法の施行以来、大手行や地銀、ネット銀行などで約20社が設立されている。これまでは、銀行サービスの高度

[図表7-4] **商社化の意義の概念図**

投資対象			
ヘルスケア事業	社会インフラ事業	環境対策分野	起業支援
エネルギー関連事業	不動産開発事業	地域活性化	事業再構築

「リアルビジネス化」「商社化」

金融機関と事業会社の
ビジネス領域が
クロスオーバーする世界

川下から川上へ
事業への関与・リアルアセットを取り込む
事業への関与・M&A

投資行動	川下投資	川上投資
	●伝統的貸出業務 ・間接的なモニタリング ・リスクが高まれば投資圧縮	●疑似エクイティ性ローン ●ハンズオン（経営参加型）の株式投資 ・現地調査による投資調査 ・事業価値を高めるために長期保有

(出所) 岡三証券作成

化を手掛けるフィンテック企業や、地元産品の販路拡大を支援する「地域商社」が主に認可の対象とされてきた（図表7-5）。

　こうしたなか、前章でみたように金融庁は一連の銀行規制の見直しの一環として、銀行業高度化等会社の認可対象を広げ、さらに銀行が銀行業高度化等会社を兄弟会社として設立する場合、一定の要件のもとで、「届け出制」によることを容認するとの方針を打ち出している。このため持ち株会社のもとに銀行の兄弟会社として自由度の高い地域商社を設立する動きはさらに加速すると考えられる。

　なお、銀行業高度化等会社に関しては、人材派遣業に参入する地域銀行も増えていることが注目される。こうした「ヒト」の仲介を銀行が担うという動きも地域商社同様、地域におけるエコシステムを銀行が中心となって構築するものであり、地域銀行のネットワークを活かすことができる業務であろう。

[図表 7-5] 銀行業高度化等会社制度の活用状況

2017年

4月 改正銀行法（銀行業高度化等会社制度）の施行

【条文】情報通信技術その他の技術を活用した

| 銀行の営む銀行業の高度化
若しくは
銀行の利用者の利便の向上 | に | 資する業務
又は
資すると見込まれる業務 | を営む会社 |

| 株式会社
ポラリファイ | Japan Digital Design
株式会社 |

2018年

| 株式会社
クラウドマネー | ブレインセル
株式会社 | 株式会社
データ・キュービック | 株式会社
フィンクロス・デジタル |

| AlpacaJapan
株式会社 |

2019年

| 北國マネジメント
株式会社
ECモールの運営等 | ネットムーブ
株式会社 | Global Open
Network
株式会社 | Global Open
Network Japan
株式会社 |

| SMBCクラウドサイン
株式会社 |

10月 改正監督指針（いわゆる地域商社業務を営む高度化等会社に係る留意点）の施行

| TRYパートナーズ
株式会社
地域商社、
コンサルティング | 株式会社
ACSiON |

2020年

| manordaいわて
株式会社
販路開拓・ブランディング支援、地域活性化に資する事業 | Shikokuブランド
株式会社
販路開拓・
ブランディング支援 |

| 株式会社
ブラリタウン | 株式会社
プラスメディ |

（凡例）
いわゆる
テック／フィンテック業務

いわゆる
地域商社業務

（出所）金融審議会
銀行制度等ワーキング・グループ事務局説明資料

[図表 7-6] 地域銀行の投資専門子会社

名称	設立	事業
百五みらい投資 （百五銀行）	2019年12月	東海地区の中小企業を対象に事業承継をサポート
ひろぎんキャピタルパートナーズ （広島銀行）	2020年4月	ベンチャー企業の育成や資本性支援も含めた企業の経営課題をサポート
名古屋キャピタルパートナーズ （名古屋銀行）	2020年4月	企業の多様な経営課題への対応

（出所）岡三証券作成

投資専門子会社の活用

「脱銀行」に向けての2つ目の論点は、投融資業務の再構築である。

図表7-6は地域銀行が設立した主な投資専門子会社である。ベンチャービジネス会社や事業再生会社などへの出資は、銀行本体へのリスクの遮断の観点から、投資専門会社経由で行うことが基本とされているが、現行制度上、投資専門会社の業務範囲は出資等とそれに付帯する業務に限定されている。

ただ、前章で紹介したように、銀行規制の緩和により、今後は投資専門会社にコンサル業務も解禁される見通しであり、また事業再生会社・事業承継会社・ベンチャービジネス会社の出資可能範囲・期間の拡充などの措置も講じられる。

コロナショックも加わり、地域の中小企業に対する資本性資金の供給とその再生は大きな課題である。地域銀行は投資専門会社の戦略的な活用を検討していくべきであり、特にコロナ7業種を対象とした再生業務においては、事業再生会社や事業承継会社などは自らの中核業務の一つであるとの意識が必要になる。今後も戦略的観点から地域銀行の投資専門子会社の設立は増加が期待される。

そもそも、地域銀行は多くの地域企業のメインバンクとして疑似エクイティを供給していた。それをリアルエクイティとして選択的に対応することも重要な機能である。京都銀行は京都に本社をもつ有力企業の株式を保有することで有名だ。こうした企業の株を保有したのは、ベンチャーとして創業に近いころからの一貫した姿勢によるものであり、その後も保有を続けたことが今の企業価値向上につながっている。これも、株式保有に関する経営者の一貫した姿勢によるものと考えられる。

重要性高まる信託機能

高齢化が進展し、ライフスタイルが多様化するなか、さまざまなニーズに即した金融サービスを提供していくためには、信託業務の重要性が高まる。信託業務は、個人、法人オーナー、法人のそれぞれ、また法人と個人をまたいだ複合的なニーズに対応していくためには不可欠な機能になりつつある。これが、「脱銀行」に向けての第3の論点である。

顧客の高齢化に伴う世代間金融や、中小企業の事業承継ニーズなどの課題には既存の商業銀行モデルでは十分に対応しきれない。特に地域銀行においては、相続に伴い顧客の預金の都市部に存在する銀行への流出や中小企業の円滑な事業承継といった問題が懸念されるなか、自らの有する顧客基盤を保持したり、次世代顧客との関係を築く観点からも信託機能を提供することは重要である。

地域銀行ではすでに大手信託銀行や信託会社との提携・信託代理店契約の締結、銀行本体での信託業務の併営認可取得など、信託業務への取り組みを強化しているが、こうした流れはさらに強まるだろう。顧客との取引関係を維持することを重視するのであれば、自前で信託業務を展開することが望ましい。一方、地域ごとに地域銀行が中心となり信託専業会社を共同で設立することも考えられる。

まずは4つの発想の転換から

本章ではここまで、地域商社、投融資業務、信託業務を柱とした「脱銀行」化、地域銀行を中心とした地域のエコシステムを実現することの重要性について考えてきた。そうした戦略転換を行うに当たっては、当然のことながら、従来の発想からの転換が必要である。具体的には、第1に無借金企業への向き合い方、

[図表7-7] **日米企業の自己資本比率**（中央値）

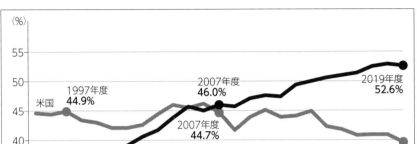

※直近値は米国が2019年末、日本が2019年度3Q
※集計対象：米国（S&P1500指数構成銘柄のうち12月末決算企業）
　　　　　　日本（TOPIX構成銘柄のうち決算期が2月、3月の企業）
※金融を除く、データ取得可能企業の自己資本比率の中央値

（出所）岡三証券作成

第2に「本業と余資」の意識の転換、第3に預金以外の金融商品への対応、第4に金融検査マニュアルの呪縛からの脱却である。

　まず第1の無借金企業への向き合い方であるが、そもそも地域銀行はこれまで企業を借り手としてしか意識していなかったのではないだろうか。図表7-7は日本企業の自己資本比率の推移である。1990年代後半のバブル崩壊後の金融危機時（1997年度）の35.7％、サブプライム問題が顕現化したころ（2007年度）の46.0％と比べ、2019年度は第3四半期の時点で52.6％と大幅に上昇している。

　リーマンショック後に市場からの資金調達が難しくなり資金繰り不安が生じたことを教訓にして、特に大企業は多額の現預金を抱え込み、無借金状況にあるとの指摘はコロナショック以前からあったが、今や上場企業では6割近く、中堅中小企業でも4割近くが実質無借金の状況にある。その結果、企業の借入ニーズは大きく後退し、むしろ、投資、運用といったバランスシートの左側（資

産サイド）に関するニーズが生じていることにもっと注目する必要がある。

発想転換第1〜「企業＝借り手」の常識は通用せず

従来、銀行のビジネスモデルの前提は預貸業務中心のなかで、「企業＝借り手」、「家計＝預金者」であった。地域銀行にとってもそれは「常識」「固定観念」だったはずだ。しかし、企業の半分近くが実質無借金経営という事実は、今やそうした常識が通用しないということを物語っている。地域銀行は企業を借り手としてだけではなく、資金運用やM&Aを含めた投資のフロンティア拡大等、資産サイドへのコンサルティング的アドバイスを行う主体として向き合わなければならない。

その際に重要なのは、そうした業務の位置付けを経営（ビジネスモデル）の中で明確にするということである。貸出業務中心の体制のまま担当する部門を業務企画部や法人営業部のような旧来の部署のなかにおくのではなく、新たな金融サービス提供に向けて一つの部として新設し、担当役員も配置するようなしっかりとしたビジネスラインを作り、評価の尺度も含め、経営主導で改革を進めていく必要がある。

図表7-8は企業が膨大に積みあげたキャッシュを背景に、その資金を投融資に回すことで企業活動と金融機関が一体になる新たな時代のイメージを示したものである。IT企業を中心にフィンテックなど金融分野への参入が目立つが、同時に、既存の金融機関も「商社化」として実業への参入を検討している。こうした双方向の動きのなかで実業と金融がシームレスになっていくのではないだろうか。

コロナショックでは、従来の危機とは異なり、資産価格は上昇しているだけに、国内企業のなかには大手企業を中心に投資余力を有したところもある。従

[図表7-8] 企業の投融資活動の広がり

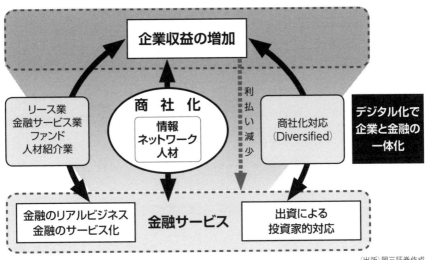

（出所）岡三証券作成

来、国内の資本不足を補ったのは外国人投資家だった。それはバブル崩壊後の資産デフレによって国内の資本余力が喪失してしまったからだった。一方、今次、コロナショックでは、国内企業に投資余力があるだけに、地域銀行としてそれをいかに活用するかの発想転換が不可欠になる。

　筆者は最近、「新・財テク（シンザイテク）」を提案している。「財テク」と言っても、中堅世代以下の方々はわからないだろう。今や、これも死語になっている。一方でバブル期を体験した世代のなかでは言葉自体がトラウマになっている人も多いのではないだろうか。

　バブル期の「財テク」とは、企業が借り入れた資金で株式や不動産に投資し、それら資産価格上昇の利益獲得を狙った財務活動だった。しかも、一部の証券会社が「握り」と称し事実上の利回り保証を行ったことに伴うスキャンダルも起きた。

しかし、現在、企業は資金余剰の状況にあり、保有するキャッシュや資本の余裕を有効に活用し企業価値の向上につなげていくよう株主から強いプレッシャーを受けている。バブル期の「財テク」のトラウマを超え、「新・財テク」への進化をサポートすることも金融機関として重要な役割であろう。その際、バブル期の反省を踏まえれば、「新・財テク」では経済全体の生産性向上に資するような運用を心掛けるべきである。また、将来的に金融投資が事業資産にも寄与し、事業と金融が一体となるビジネスモデルも展望される。

発想転換第2〜「余資」運用は本業の一部

　従来の発想から切り替えなければならない第二のテーマは、「本業と余資」についてである。

　地域銀行ではいまなお、貸出こそが「本業」との意識が強く、金融当局も「本業利益」等の指標を重視している。その反面、有価証券は「余資」であり、その運用は半ば「博打」のようなものとの受け止めさえある。確かに有価証券運用は市場環境によって収益が大きく左右される面はある。しかし、国際的にみれば資産運用を専門に行う資産運用業こそが金融の中心で活躍しているのも事実である。

　そもそも地域銀行には有価証券運用能力が備わっていないと指摘されることも多い。しかし、有価証券運用はできないと白旗を上げるのは、「貯蓄から投資へ」の潮流のなか、資産運用力の重要性を国民に示していくに当たり、金融機関としてのミッションを自ら否定するようなものである。顧客に対して資産運用サービスを提供するなかで、自らの資産運用も本業の一つとして位置付ける必要がある。

　「本業VS余資」という二項対立的な概念は、企業が資金不足の状況で金融の

[図表7-9] **銀行のもつ貸出と余資の壁**

	貸　　出	有価証券運用
位置付け	本業で主流	余資で非主流
収益意識	銀行の実力	浮利の意識
損失	経営全体で連帯責任	部門や個人の責任論になりがち
経営資源の投入	審査中心に手厚い	薄い（人材も限定）
会計	原価主義	時価会計

(出所) 岡三証券作成

自由化も行われていなかった規制金利下で出てきたものと思われる。しかし、地域銀行の預貸率は企業に旺盛な資金需要が存在した時代でも100％を下回り、貸出を上回る預金の運用は常に課題であった。その意味で地域銀行においてはそもそも「余資」運用は実は「本業」の一部だったのである。

　もっとも、これまで地域銀行において有価証券の運用部門は「鬼門」であった。

　図表7-9は、地域銀行内に厳然として存在する貸出部門と有価証券部門の「壁」を示したものだ。貸出は「本業」であるのに対して有価証券は「余資」として位置付けられ、融資では損失が生じても、よほどの瑕疵があった場合を除けば基本的に担当者の個人的な責任が問われるようなことはなく、その処理に注力すれば「ご苦労だった」と人事的にはむしろ評価が得られることさえあった。また、大口貸出先の経営不振など融資に関する問題は経営全体の責任として全行的な視点で議論されることが多かった。

　一方、有価証券運用の場合、高い収益を確保しても、単に「相場のおかげ」とされやすく、損失が出れば「余計なことをした」として運用担当者の責任になりやすかった。また、経営者も「よきにはからえ」のごとく有価証券部門に

任せきりで、よいパフォーマンスになれば経営者の力とされ、損失が生じれば責任を有価証券部門に押し付ける構図があった。その結果、有価証券部門の部長や役員はコロコロ変わり、組織的にも専門的なノウハウの蓄積が進まなかったのが実態ではないだろうか。

　地域銀行の預貸率が恒常的に100％を大きく下回り、コールや国債等での安定的な運用が難しくなった現在、地域銀行の課題は自らが独自で資産運用業者と同等の運用を行わなければならないということであり、そのためには、これまでの預金ありき、「預金－貸出＝余資（有価証券運用）」、「有価証券運用はあくまでも余った資産の運用、副次的業務」という発想から脱却し、有価証券運用を名実ともに本業と位置付けるべきである。

　銀行はそもそも資産運用業であり、資産運用のプロ集団でなければならない。地域銀行においても貸出は多様なアセットの一つであり、有価証券も含め、多様なアセットによって運用力を高めていかない限りは生き残れないと認識を改める必要がある。

　そのためには、RAF（リスク・アペタイト・フレームワーク）なども活用しつつ、十分な資本配賦や人材を投入したうえで経営の責任の下で有価証券運用を行っていくという組織体制を構築していかなければならない。貸出も有価証券運用も同じ尺度でリスクとリターンを計測し評価するRAROC（リスク調整後資本収益率）のような収益管理の仕組みの整備も必要になるだろう。

貸出業務重視の行内風土の刷新を

　有価証券運用を「余資」運用ではなく「本業」に位置付けるということは、「銀行員ならば一度は支店長を経験したい」といったモチベーションに象徴されるような行内における貸出業務重視の組織や人事の暗黙の序列を意図的に壊して

いくということにほかならない。

　人材の育成も大きな課題である。地域銀行のなかには預貸率が50%前後に落ち込み、実質的に半分近い資金を有価証券運用に振り向けていながら、それを担う人員は10名に満たないといったケースも多い。しかも、有価証券運用を担当したことがキャリアパス上、特に有利に働くことはないので、希望する行員も少なくなりやすい。

　筆者が地域銀行の方々と接点をもたせていただき始めた80年代、日本の金融市場では「国際化」と「国債化」という「2つのコクサイ化」が進行し、地域銀行も海外拠点への行員派遣や東京に人員を派遣して国債運用を中心とした市場部門の拡大を図った。その後、バブル崩壊以降、「本業回帰」の名の下に、国内の預貸業務という「本業」への回帰が進んだ。その結果、海外拠点は軒並み廃止され、有価証券の運用部門は国際業務部門と合体しリストラの対象となった。東京に派遣されていた市場部門の人材が地元に引き上げられたのもこの頃である。

　しかし、皮肉にも、90年代以降、本業回帰で力を入れた国内貸出業務は不良債権処理に加え企業の資金需要の低迷と利ザヤの縮小で収益が先細りした。その一方で、日本企業は中小企業も含めて海外との依存を深め、地域銀行でも国際業務へのニーズは高まった。また、余資であった有価証券の運用では保有していた債券の収益が拡大し、事実上、有価証券部門が経営の屋台骨を支える状況が続いた。

　つまりバブル崩壊後、地域銀行は真逆の方向に経営資源を投入してしまったわけである。幸い、80年代に若手として「2つのコクサイ化」を経験した世代が今、経営層になっているケースも多い。そうした幹部が旗を振る形で、国際・市場部門の人材を計画的に育成していく必要がある。一方、1990年代以降、そうした経験をしたことがない世代の人たちが国際・市場部門の中心になって

いるだけに、意図的に人材を育成する必要がある。

　また、自らの運用体制を充実させることと併せて、外部で運用するスキームを構築することも選択肢となる。持ち株会社のもとで運用部門を一体化したり、共同での運用会社の設立も考えられる。ただし、どのような体制を整備するにしても、余資との発想を離れ運用に対し経営の責任を明確にすることが不可欠である。

　金融当局が地域銀行の有価証券部門に対して抱く問題意識も、単に相場の見通しが当たり収益を確保できたかどうかではなく、有価証券部門に対するリスク量の配賦も含めた体制作りや人材育成にトップが意思をもって取り組んでいるかという点である（注3）。地域銀行の経営トップとして自信をもって自らの資産運用の体制について語る姿勢が必要である。

（注3）静岡銀行の市場部門で長年、部長として活躍し、同行の収益を支えた伝説的プレーヤーである和キャピタルの小栗直登社長もかねて、有価証券運用は本業であるとの行内的なコンセンサスを醸成すること、なかでもトップの信認を得ることが重要だと主張している。小栗社長がNIKKEI Financial（2020/11/16）のインタビューで示した投資哲学は以下の3点である。第1は、「総合損益管理」として実現損益と含み損益を合わせて評価すること。第2は、相場の下落局面への対応として機動的運用。第3は、資産の単品管理ではなく、有価証券全体でのポートフォリオ管理である。また地域銀行においては経営資源の制約もあり一定程度、外部に運用委託せざるをえないが、その際も、外部運用に任せきりでは運用力の向上につながらない。小栗社長は「インソーシング」として外部委託先から新たな運用力を習得しそれを組織に定着させることが重要だと強調している。

発想転換第3〜非預金商品への対応

　意識転換すべき第3の論点は、預金以外の金融商品への対応である。銀行窓口での投資信託や保険商品の販売解禁以来、地域銀行もいわゆるリスク性商品の販売には相当力を入れてきた。しかし、金融機関におけるリスク性商品の販売に関しては、例えば、テーマ型投資信託が多くブームが過ぎると基準価格が下がる、販売手数料や信託報酬が高い投資信託が多い、顧客に回転売買を推奨しているなどの問題が指摘され、金融庁は金融機関等に対して顧客の利益を最優先する「顧客本位の業務運営」（フィデューシャリー・デューティー）の確立と定着を求めている。

　こうした販売現場での問題の背景には、本部が支店ごとに目標を割り振り、現場はその目標達成のために顧客ニーズは二の次にして「この投信を買ってください」というプッシュ型のお願いセールスをしているという実態があったのではないだろうか。これは、元本保証がないということは当然、顧客にきちんと説明しているものの、基本的にはかつての預金獲得と全く同じ営業スタイルである。図表7-10は、金融庁が求める顧客本位の業務運営に関する原則の抜粋だが、地域銀行も顧客ニーズありきの営業体制に切り替えていく必要がある。

　また、幅広い顧客ニーズへの対応という顧客本位の業務運営の実践と合わせ、自らの資産運用力向上、収益力強化を狙い証券子会社を設立する地域銀行も多く、すでに28の地域銀行が傘下に証券子会社を擁している（図表7-11）。

　証券子会社の設立形態は、①既存証券の買収型、②既存証券との共同出資型、③銀行による単独新設型の3パターンがあるが、株式相場が堅調に推移していることもあり、各社とも収益状況は順調である。今後、親銀行との連携をどう深めていくか、さまざまな商品のクロスセルを行いワンストップで顧客ニーズに対応していくうえでどう活用するか、IFAと呼ばれる独立系のファイナンシ

【顧客にふさわしいサービスの提供】

原則6.　金融事業者は、顧客の資産状況、取引経験、知識及び取引目的・ニーズを把握し、当該顧客にふさわしい金融商品・サービスの組成、販売・推奨等を行うべきである。

（注1）金融事業者は、金融商品・サービスの販売・推奨等に関し、以下の点に留意すべきである。
- ・顧客の意向を確認した上で、まず、顧客のライフプラン等を踏まえた目標資産額や安全資産と投資性資産の適切な割合を検討し、それに基づき、具体的な金融商品・サービスの提案を行うこと
- ・具体的な金融商品・サービスの提案は、自らが取り扱う金融商品・サービスについて、各業法の枠を超えて横断的に、類似商品・サービスや代替商品・サービスの内容（手数料を含む）と比較しながら行うこと
- ・金融商品・サービスの販売後において、顧客の意向に基づき、長期的な視点にも配慮した適切なフォローアップを行うこと

（注2）金融事業者は、複数の金融商品・サービスをパッケージとして販売・推奨等する場合には、当該パッケージ全体が当該顧客にふさわしいかについて留意すべきである。

（注3）金融商品の組成に携わる金融事業者は、商品の組成に当たり、商品の特性を踏まえて、販売対象として想定する顧客属性を特定・公表するとともに、商品の販売に携わる金融事業者においてそれに沿った販売がなされるよう留意すべきである。

（注4）金融事業者は、特に、複雑又はリスクの高い金融商品の販売・推奨等を行う場合や、金融取引被害を受けやすい属性の顧客グループに対して商品の販売・推奨等を行う場合には、商品や顧客の属性に応じ、当該商品の販売・推奨等が適当かより慎重に審査すべきである。

（注5）金融事業者は、従業員がその取り扱う金融商品の仕組み等に係る理解を深めるよう努めるとともに、顧客に対して、その属性に応じ、金融取引に関する基本的な知識を得られるための情報提供を積極的に行うべきである。

（出所）金融庁「顧客本位の業務運営に関する原則」

［図表7-11］地域銀行と証券子会社

銀行名	証券会社名	銀行名	証券会社名
伊予	四国アライアンス証券	栃木	とちぎんTT証券
池田泉州	池田泉州TT証券	東京きらぼしFG	きらぼしライフデザイン証券
沖縄	おきぎん証券	南都	南都まほろば証券
大垣共立	OKB証券	西日本シティ	西日本シティTT証券
九州FG	九州FG証券	八十二	八十二証券
京都	京銀証券	広島	ひろぎん証券
群馬	ぐんぎん証券	百五	百五証券
静岡	静銀ティーエム証券	ふくおかFG	FFG証券
七十七	七十七証券	ほくほくFG	ほくほくTT証券
十六	十六TT証券	北洋	北洋証券
第四	第四証券	めぶきFG	めぶき証券
中国	中銀証券	山口FG	ワイエム証券
千葉	ちばぎん証券	横浜	浜銀TT証券
東邦	とうほう証券		

（出所）各種資料をもとに岡三証券作成

ャルアドバイザーを証券子会社のなかでどう組織化していくか、法人取引強化という課題への対応において証券子会社をどう位置付けていくかといった点への対応が注目される。

　また、証券会社との連携も含め、幅広い選択肢をもつことも必要である。同時に、市場性商品への対応力を付けるためにも、トレーニー制度の活用も含め、市場カルチャーの行内での醸成が重要になる。

　一方で、投資信託の販売も思ったよりは進んでいないという現実もある。投信で損を抱えた顧客が、証券会社にはクレームを言わないのに、地域銀行には苦情を寄せるケースが多いという。預金のように元本の変動のない商品が中心であっただけに、顧客も金融機関側も元本毀損のある商品への習熟度合いがなお低いということだろう。今後は、顧客の資産をポートフォリオとしてアドバイスするなどの販売体制を含めた発想の転換が必要になっている。

発想転換第4〜「検査マニュアル」の功罪

　意識転換が求められる第4は、バブル崩壊後、地域銀行を含め金融機関で長らく絶対的な「憲法」として意識されてきた金融検査マニュアルの呪縛から脱することである。

　バブル崩壊後、資産価格の急落を主要因として、多くの金融機関で多額の不良債権が発生しその処理に追われた結果、日本の金融システムに対する信認は大きく揺らいだ。その教訓を踏まえ、金融監督庁（現金融庁）は1999年に金融機関の裁量の余地が少ない一律の基準（検査マニュアル）を策定し、それに基づき、貸出先が実質債務超過かどうか、貸出が担保・保証により保全されているかを重視して、検査を行った。また引当の見積もりにおいても、過去の貸倒実績等を基本として債務者区分ごとに一定の計算式に基づき引当額の計算を行う実務が定着した。

　筆者は、検査マニュアルが検討され出した1990年代後半に銀行の審査セクションに在籍しリスク管理を行っていたが、不良債権の処理に関しては「集団検診」と「総合病院」の機能を両立させることの重要性を強く認識した。当時はバブル崩壊により日本中の企業が多かれ少なかれ不良資産をバランスシートに抱え込むという集団感染状況にあった。そこでは、すべての資産に一律の基準で網の目をかける「集団検診」を行い、日本全体の不良資産（銀行の不良債権）を把握し、どう対処していくかを示すことが信用不安を除去するうえで最重要課題だった。リーマンショック後に米国の金融当局がストレステストを行い米国の金融機関のバランスシートをチェックしたのも同じ発想からだろう。「集団検診」の際のチェックリストとして検査マニュアルはきわめて有効だった。

　またメインバンクが不良債権を処理していく過程では、プロジェクトの見直しや事業再生など総合病院的な専門性を完備した体制も必要だった。当時、そ

うした機能は例えば産業再生機構のような公的な性格を帯びた組織や再生ファンド等が担うことが多かった。そこで実際に再生のための手術で執刀した専門家のノウハウは結局、彼らが日本の金融機関で働いていたときのものを応用したケースが多かった。当時の筆者の審査セクションでの同僚の多くが再生ファンド等で活躍していたことがそれを裏付ける。

　検査マニュアルの制定とそれに基づく金融検査が、不良債権問題で動揺した日本の金融システムの信認回復に寄与したのは間違いないだろう。しかし、その一方で、画一化された検査マニュアルの存在によって金融機関のビジネスモデルはかなり限定された類型のものとなり、① 担保・保証への過度な依存、②貸出先の事業の理解・目利き力の低下、③将来の貸倒れのリスクが引当に適切に反映されないといった問題が顕在化していたことも事実であり、それは金融庁自身も認めている。

検査マニュアル廃止で求められる「目利き力」

　こうしたなか金融庁は2019年12月に検査マニュアルを廃止する方針を打ち出し、「検査マニュアル廃止後の融資に関する検査・監督の考え方と進め方」（新方針）を公表した。地域銀行においても従来の検査マニュアルに基づき行われてきた資産査定を中心とした集団検診から、貸出先ごとにその事業性を評価する独自の目利き力が求められる状況にある。

　金融庁が事業性評価を重視しているのは、地域銀行が検査マニュアルに即した静態的な確認ではなく、企業の成長性を含め、動態的な視点や将来を展望したフォワードルッキングな側面をもつように求めているからだろう。そのうえで、今後、地域銀行としては貸出に止まらず、資本性資金の提供も必要であり、それに応じた目利きのあり方や出口戦略を考えていかなければならないが、そ

れは、従来の検査マニュアルが想定していた対応とは異なるものになる。

　振り返れば、バブル崩壊後、銀行の貸出が疑似エクイティ性を帯びていたなか、それまでの状況のままでは企業と金融機関が共倒れとなってしまう不安があった。そこで、疑似エクイティ性を有していた貸出を純然たるデットに転換させる、さながら「エクイティ・デット・スワップ」のようなことが事実上行われ、それを一律の尺度で静態的に資産査定するというのが検査マニュアルの発想だった。

　しかし、企業の再生を専門に担うファンドが拡大し、デット市場でもプライベート・デットを専門とするファンド（注4）も登場するなど、検査マニュアルが制定された当時とは状況は大きく変わり、幅広いニーズへの対応が必要になっている。時代の要請に沿う形で検査マニュアルが廃止された後は、地域銀行自身も前述した「犬のしつけ」から抜け出し、新たな目利きのあり方、デットカルチャーからエクイティカルチャーへの転換、動態的視点からの企業評価のあり方を追求していかなければならない。市場でのファイナンスも含めた重層的な金融仲介を担っていくうえで、その前提となる目利き力を高めていくことは金融機関としてより進化していくことにほかならない。

　目利きで最も重要なことは経営者の視点に立って事業やキャッシュフローを見極めることである（注5）。ファンドが出資先に人も派遣しハンズオンで経営にあたるのはこのためである。地域銀行でも最近、OBだけでなく若手行員を企業に派遣しているケースが増えているが目利き力を涵養することを目的としている。審査部門や調査部門に目利きの専門セクションを設けて対応するケースがあるが、支店も含め、実際に企業との交渉窓口となる部署との人事的交流も重要である。

(注4) プライベート・デット・ファンドとは、機関投資家の資金を裏付けとして直接融資を行うファンドであり、銀行からの借入が困難で資本市場での調達も難しい企業に対して、売掛金・動産・在庫などを担保として保金を図りつつ融資を行うものである。その草分け的存在であるトパーズ・キャピタルは地域銀行の融資業務のサポートも行っている。これは地域銀行が中小企業の借入ニーズに必ずしも応えられていないことを示すものである。

(注5) 目利きや事業性評価の重要性が指摘される中で、ノウハウや顧客基盤などの無形資産を含む「事業全体の価値」を包括的に担保とする仕組みの導入に関する議論も始まっている。事業価値が包括的に担保となることで、企業と金融機関の利害は「将来生み出すキャッシュフローの増大」で一致する。その結果、事業性評価を含めた企業支援が一段と深化する可能性がある。金融庁、法務省などでの今後の議論の展開が注目される。

金融市場の課題は「酸欠状態」と「ねじれ」

　図表7-12は、金融庁監督局地域金融企画室長の日下智晴氏が講演で用いた資料である。地域金融機関を巡る金融市場の課題として、①地域銀行とメガバンクとの間の「空白（酸欠）地帯」の存在と、②「コロナ7業種」を中心に無利子・無担保の緊急融資を受けた中小零細企業への対応の「ねじれ」を指摘している。

　まず、「空白地帯」とは、地域銀行とメガバンクがカバーしている企業群に微妙なずれがあり、その間の抜け落ちているゾーンのことだ。従来の大手銀行が数多く存在した時は、地域銀行と大手銀行とで企業の規模に応じ比較的シームレスな対応が行われていた。しかし、大手銀行がメガバンクに集約された結果、年商50～100億円規模の企業へのアプローチが手薄となり、そのクラスの企業は金融サービスに対する「酸欠」状態に陥っている。そして、メインバンク不在の結果、資本性資金を含め持続的な成長をしていくための高度で多様な金融サービスが十分に提供されず（酸欠になり）、規模拡大の阻害要因になっているとしている。こうした空白地帯の企業に対して、最近はPEファンドがビジネス機会をうかがっており、日下氏は「地域銀行がそうしたファンドと連携すれば対応が可能」だとする。

　また、空白地帯には入っていないものの、年商20億円～50億円規模の企業のなかには、地域銀行の投資銀行的サービスや海外進出サポートの対応が十分でなく、酸欠気味の状況にあるところも少なくないとする。

　こうした状況は、筆者が考える「資本性資金の崖」の存在に相応する。すなわち、大企業に対してはメガバンクが投資銀行的な手法も含め、幅広く高度なサービスを提供している。一方、中小企業に対する金融サービスは地域銀行による伝統的な融資が中心である。このように大企業と中小企業のあいだに「資

本性資金の崖」が存在し、金融サービスの提供に関して空白が生じている。

　一方、コロナショックで緊急融資を受けた先の「ねじれ」とは、緊急融資を行った金融機関のなかには非メイン銀行も多い状況をさす。今後、債務減免やカットを中心とした債務調整が必要となった場合に、メイン行不在のなかでそれが円滑に進まない恐れがある。緊急融資は3～5年の無利子・無担保の猶予期間が過ぎたのち、債務調整を余儀なくされるケースが急増すると予想される。政府系金融機関や信用保証協会、信金・信組も含めた複数の地域金融機関が絡んでいるだけに制度面の不具合も生じかねない。地域銀行がメイン銀行として債務調整を行いうる仕組みを今から検討しておくべきであろう。

　図表7-12は、コロナショックを受けた企業に対する金融サービスのあり方を考えるにあたり、企業を規模別にマーケティングしたうえできめ細かな対応が必要なことを物語る。

[図表7-12] **企業規模と金融の状況**

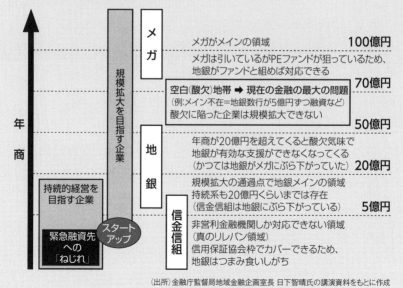

（出所）金融庁監督局地域金融企画室長 日下智晴氏の講演資料をもとに作成

第 8 章

結語——
コロナショックを超えて

「第二の創業」に踏み出す時

急速に高まる地域銀行への関心

　本書を執筆している2020年年末にかけて、地域銀行の再編についての関心は急速に高まっている。実際、主要経済誌も「聖域なき「地銀再編」」（週刊金融財政事情　2020/11/16号）、「銀行再編の黒幕」（週刊ダイヤモンド　2020/11/21号）、「地銀 最終局面 首相が追い込む崖っぷち」（週刊東洋経済　2020/11/28）と相次ぎ特集を組むなど、「地銀再編」の文字が誌面上をにぎわしている。

　筆者は長年、地域銀行のビジネスモデルのあり方について金融当局の関係者とも意見交換を続けてきたが、2019年までは「合併・再編はあくまでも一つの選択肢」との認識が当局関係者の間で一致していた。また、安易な合併はある意味での延命措置に過ぎず、そうした再編を戒めるコメントも多く聞かれた。しかし、菅政権の発足で地域銀行改革が政策課題の一つになったことで、明らかに風向きが変わったように思う。地域銀行の経営者の多くが合併・再編について具体的な相手をイメージしてさまざまなシミュレーションを行っているのではないだろうか。

コロナショックを改革の契機に

　前述したように筆者は2017年に柴崎氏・大木氏と執筆した『2020年 消える金融──しのびよる超緩和の副作用』でマイナス金利での銀行の生き残りの方向性をテーマとして取り上げた。そこでは、マイナス金利による「水中生活」で商業銀行の収益力はさらに低下し、その状況が続けば2020年には苦境を迎えるとした。その2020年というタイミングがついに到来し、さらにコロナショックも加わったなか、構造不況にあえぐ地域銀行は今後どうすべきなのかという問題を改めて考えたのが本書の議論である。

　同じく 2017 年に筆者が編著者となった『シナリオ分析 異次元緩和脱出──出口戦略のシミュレーション』では、2020 年代にかけてマイナス金利が正常化に向かうシナリオを 8 種類用意したなかで地域金融機関の収益予想を行った。そこでは、マイナス金利が続くと、2015 年度の業務純益を 100 とした場合、2025 年度以降は半分の 50 以下にまで落ち込むとした。現実には 8 種類の金利シナリオのなかでも最悪のシナリオに沿う形で進行しており、事態はきわめて深刻と言える。

　本来、地域銀行の改革はもっと早い段階で行われてもよかったのかもしれない。例えば、バブル崩壊後一定の時間が経過した 2000 年代前半、あるいはリーマンショックの直後などはその機会だったと考えられる。

　しかし、中小企業の資金繰り支援を最優先する「平成の徳政令」と呼ばれた金融円滑化法が成立し、改革機運はしぼんでしまった。さらに、東日本大震災を受け、円滑化法は 2013 年まで延長され、その後の金融行政でも円滑化法の趣旨は継続されたため、結局、10 年以上、地域銀行の改革は手付かずの状態のまま時間だけが経過してしまった。

　地域銀行の改革に関して今回のコロナショックは一つの契機になりうる。それは、以下の 4 つの理由からだ。第 1 は、コロナショックではバブル崩壊時のような不良債権への責任問題が前面に出にくいこと。第 2 に、コロナショック下であれば「アメ」になりうるインセンティブ策を政治的に用意しやすいこと。第 3 に、地域銀行の救済という目的に加えて、「コロナ 7 業種」の再生、地域経済の活性化という「大義」が存在すること。第 4 に、バブル崩壊やリーマンショック時とは違い資産デフレになっていないことから国内に資本の余裕が存在することである。要は、改革に向けた国民的な（地域住民の）合意、地域銀行の覚悟、当局のサポートへのコミットに加えて、国内での改革余力が存在することで従来に比べて改革が実現されやすい環境になっているということであ

る。こうした環境はコロナショック前には全く考えられなかったことである。

　バブル崩壊後は世論のなかに貸し手としての銀行の責任論も渦巻き、銀行への公的資金注入ではもちろんのこと、「バブル3業種」の支援を行うためにも「生贄」のような存在を祭り上げる政治的儀式が必要だった。しかし、コロナショックではそうした状況はまったくみられず、改革に向けた絶好の局面とも考えられる。

「第二の創業」に向けた新たな銀行業の姿

　銀行の機能は銀行以外の経済セクターで不足しているものを金融面で仲介することが基本である。従来は企業セクターで資金が不足していたので、世の中から広く集めた預金をもとに貸し出すことで、資金を仲介してきた。しかし今や企業は資金余剰の状態にあり、不足しているのは同じ「カネ」でも資本、そして「ヒト」「モノ（情報）」である。そしてそこにマイナス金利政策に代表される世界的な超低金利状況が追い打ちをかけ、預貸業務では経営が成り立たない状況に追い込まれている。

　こうした状況は地域銀行に限ったことではなく、先進国の商業銀行が共通して直面する課題である。フランスの著名な経済学者であるトマ・ピケティが『21世紀の資本論』（みすず書房）で指摘したように、「経済成長率（g）＜資本収益率（r）」、すなわち、資本収益率が経済成長率を上回って伸びていくとするならば、商業銀行のこれまでのビジネスモデルは明らかに節目にきていると言える。

　地域銀行の中ではバブル崩壊を経て、積極的なことを行ったところほど傷が深く、なかには経営困難に陥ったところがある一方で、無理をせず旧態依然のビジネスを継続してきた銀行はあまり傷を負うことなく生き残ったとの「教訓」

が根強くあるようにみえる。

　しかしこのままでは「座して死を待つ」ことにもなりかねない。本書で議論した「LED戦略」も無理なリスクテイクは行わないとするこれまでの地域銀行の常識からすれば「禁じ手」かもしれないが、発想を転換してあらゆる選択肢の中で収益のフロンティアを拡大していく必要がある。

　2004年に柴崎氏と執筆した『銀行の戦略転換』では、「壁」と「呪縛」を乗り越えることの重要性を指摘した。具体的には、「貸出－債券」、「デット－エクイティ」、「国内－海外」の壁であり、これに足元では検査マニュアルの「呪縛」がある。地域銀行はこうした「壁」「呪縛」を取り払っていかなければならない。

　預金を集めれば安定的に収益が確保できる「預金ファースト」の時代ははるか昔に終わっている。結局のところ、地域銀行も金融に関する包括的なサービスを提供していく以外に存在意義はない。そう考えると2020年代半ばには地域銀行は全く変わったビジネスモデルになっている可能性もある。

　地域銀行は「預金ファースト」「貸出ファースト」を前提にした組織の仕組み、人事や評価のあり方など、ビジネスモデルの隅々までを見直し、地域の再生のために第二の創業をすべき時なのではないだろうか。地域銀行が地域を盛り立て、一方で地域が一体となって地域銀行を支える。そういった新たな「銀行業」の形を提示することを渋沢栄一も願っているに違いない。

　渋沢栄一は銀行を創立すると同時に約500社もの企業を設立した。地域銀行の第二の創業にあたっては、地域の中で受け身の形でインフラとして存在するだけでなく、地域のエコサイクルを自らが主導的な立場で作り上げていく姿が求められている。コロナ7業種も含め苦境となる企業がサポートを求めている今こそ、また、日本の産業全体が改革を必要としている今こそ、第二の創業の絶好の機会とも言える。この機を逃すべきではないだろう。

おわりに

興銀本店ビルの「形見」が教えてくれること

筆者は今から39年前に日本興業銀行に入行した。当時、東京駅のすぐそばで重厚なたたずまいをみせていた興銀の本店ビルは数年前に取り壊され、昨年、同じ場所に飲食関連施設も入る洗練されたオフィスビルが竣工した。かつて本店ビルを覆っていた大理石は写真盾にされ、銀行OB向けに販売され、その一つは筆者のデスクの横に「形見」として飾ってある。「軍艦ビル」と称され高度成長のランドマーク的な存在だったかつての本店の跡地を訪れ、時代が完全に変わったと実感するのは筆者だけではないだろう。

日本興業銀行は1902年に殖産振興の目的の下、特殊銀行として設立され、戦後は長期信用銀行の雄として高度経済成長を金融面から支えた。しかし、金融自由化とバブル崩壊という荒波に直撃され、第一勧業銀行、富士銀行と経営統合を行い、現在はみずほ銀行になっている。

長期信用銀行としては興銀のほかに、日本長期信用銀行、日本債券信用銀行があったが、両行とも経営が破たん、実質国有化され、現在はそれぞれ新生銀行、あおぞら銀行と普通銀行に転じている。長期信用銀行という業態自体がなくなってしまうとは39年前には露ほども予想しなかったが、それが現実であり、日本の金融の歴史である。

いくら制度的枠組みや特権が与えられていても環境変化が生じれば銀行は自己変革をしない限り生き残れないということを筆者は身をもって体験した。1873年に渋沢栄一によって初めて銀行が設立され148年が経過したが、どの銀行もこれまでのビジネスモデルを墨守している限り、展望は開けないだろう。

　地域銀行は明治維新以降、近代国家発展のための資金調達インフラとして重要な役割を果たしてきた。預金による資金調達は渋沢栄一が「大河の一滴」とした重要な機能であり、地域銀行には「預金を集めれば儲かる」という特権が与えられた。その結果、地域銀行ではそれぞれが地域のマーケティングをして独自性を発揮することで競争するよりも、ひたすら預金集めで鎬を削るような経営戦略がとられ、あたかも日本全体に張り巡らされた資金調達マシーンのような存在となっていった。

　本書では地域銀行の構造不況問題とその脱却の道筋について検討したが、預金（貯金）業務をビジネスの中心に位置付けているのは信用金庫、信用組合、さらには農業協同組合（JA）やゆうちょ銀行も同じである。本書での議論は地域銀行に止まらない広がりを持つだけに、幅広く金融に関心がある方々にも目を通していただければと願っている。

　2016年1月にマイナス金利政策が導入されすでに5年以上が経過した。

　地域銀行の経営者が「日銀のマイナス金利政策のせいで経営状況が厳しくなった」と批判すれば、日銀幹部は「マイナス金利以前から地域銀行の収益は悪化しており、金融政策のせいではない」と反論する。金融庁の幹部からも「地域銀行がマイナス金利で苦境にあると言うのは、経営改革を行わない言い訳に過ぎない」との指摘が聞かれる。

　確かに、本書でみてきたように、地域銀行の構造不況の背景にはいくつもの要因があり、マイナス金利だけに原因を求めるのは無理がある。一方で地域銀行では預金という資金調達インフラを維持することがビジネスモデルそのものであったなか、マイナス金利で預金調達のメリットが喪失したのも事実であり、地域銀行の経営者が日銀を批判したくなる気持ちもよくわかる。

　ただ、少し突き放した見方をすると、一般企業ではそうしたビジネス環境の

変化に幾度となく見舞われ、それに応じて変化を遂げてきた。円高になり一時的に収益が落ち込むことがあっても、いつまでも円高を業績不振の言い訳にするようなことは経営者として許されないからである。ダーウィンは「生き残る種とは、最も強いものではない。最も知的なものでもない。それは、変化に最もよく適応したものである」と言ったが、まさにそれを実践してきたのが日本企業である。

　経営環境が変化した時、一般企業では生き残っていくためにイノベーションや新たな商品の開発、さらには業態転換など、あらゆる面で「改革」が行われる。そうした対応は、フィンテック企業やIT産業でも日常的に見られる。しかし、地域銀行はどうだろうか。本業での儲けがもはや赤字になっているのに「改革」が遅々として進まない状況に、金融庁がいら立つのも無理はない。

　もちろん、地域銀行のなかにも危機感をもって改革の必要性を訴える経営者、幹部は少なくない。しかし、本書で失礼ながら「犬のしつけ」に例えたように、規制金利下における超過利潤の存在、護送船団方式の行政による保護といった長年の「ぬるま湯」で生じたバイアス、ノルムの存在が組織として改革を断行することに躊躇させていたのも事実であろう。しかし、言い訳をしたり、他人のせいにしていても事態は変わらないし、もはやその猶予もなくなってきた。地域銀行は今こそ「脱銀行」に向け本気で改革に取り組んでいかなければならない。

　銀行業は、顧客にとって不足している機能と余っている機能を仲介するサービス業である。明治以降、戦後の高度成長期に至るまでわが国の企業で不足していたのは資金だった。それだけに個人顧客から広く預金を集め、それを資金が不足している企業に貸し出すという銀行の機能はセーフティネットをもって保護されるべき社会的に重要なインフラだった。しかし、今や企業セクターは

資金余剰部門に転じ、日銀の超金融緩和政策によって、資金はいくらでもある。

　今日、不足するのは「資金」ではなく、「資本」であり、それは特に地域の中小企業で顕著である。同時に地域の中小企業では後継者をはじめとして「人材」が圧倒的に不足している。そのなかで地域銀行に求められる機能は、預貸業務に加えて、プライベートエクイティファンドのような資本の仲介や人材派遣などを通じたハンズオンでの経営支援機能など投資銀行業務である。

　地域銀行に投資銀行業務などできるはずがないとの指摘も多い。しかし、例えば中小企業M&Aの仲介専門会社としてトップの地位にある日本M&Aセンターの時価総額は2020年末に1兆円を超えている。これは大手金融機関並み、地域銀行のトップ行の倍以上の水準である。しかも、人員は600人程度の規模である。M&A仲介市場では利益相反の問題や仲介フィーの両手取り等の問題も指摘され、フィデューシャリー・デューティーの観点からは改善の余地があるが、これだけ高収益の分野が存在するということは、いかにこの分野に従来の金融機関が取り組んでこなかったかを示す。

　こうしたこれまで地域銀行がカバーしてこなかった中小企業への投資銀行業務の空白地帯は意外と多い。人材の仲介もその一つである。金融庁は大手銀行や総合商社の人材を地方の中小企業に派遣する仕組みを官民ファンドである地域経済活性化支援機構を通じて行うという政策を打ち出している。また、銀行本体の付随業務に人材派遣業務を加える規制緩和も行われる予定だ。地域銀行として今後積極的に取り組む分野になるだろう。

　現金か銀行口座への振り込みで支払われていた給料の一部が電子マネーで受け取れる——現在、給与のデジタル払い解禁に向けての議論が進展している。これまで銀行は画一的な国民のライフスタイルを前提に、就職したらまず給与の振込口座を作ってもらい、その後、トコロテン式にビジネスを獲得してきた。

しかし、今後は顧客のライフスタイルの多様化やフィンテックの台頭のなかで、銀行は単なる「土管」のような存在となり、「おいしいところ」は他業他社に根こそぎ奪われかねない。

そうしたなかにあっても地域銀行には家計の資産管理・運用を担うホームドクターのような役割が期待されている。高齢社会が進展する日本で、財産を身近で管理してくれる地域銀行の存在は不可欠で、そのニーズは強いはずである。しかし、そうしたニーズを地域銀行は必ずしもビジネスモデルに取り込んでこなかったのではないだろうか。

規制金利によって超過利潤が確保できた時代は預金通帳もキャッシュカードもタダで、預金をしてくれた顧客に景品を渡しても余りあるメリットが存在していた。しかも、日本ではよほどの事情がない限り、生まれたばかりの赤ちゃんでも銀行で口座を開くことができる。日本人は海外で生活してみて初めて、銀行口座を持つことがいかに難しいかを知ることが多いが、途上国はもちろんのこと、米国でさえ国民の7%弱は銀行口座をもつことができないのがグローバルにみた現実である。

そう考えると、市場金利までもがマイナスの環境にあって、預金口座の開設や維持に一定のコストがかかる以上、通帳発行も含めこれまで無料としてきたサービスを有料化するのは決しておかしなことではない。物を安全に保管するには倉庫などを借りて、保管料を支払う。それと同じで、銀行はお金を預かっている以上、口座維持手数料を顧客に求めるのはむしろ当然のことである。

もっともこれまでタダだったサービスを有料にする以上、顧客にとって一方的な「不利益変更」とならないような工夫が必要となる。そこで重要になるのは資産運用や相続等の財産管理に絡む付加価値をどう提供していくかであり、発想の転換が必要だろう。

　本書の「はじめに」で、大手銀行トップの「今、改めて銀行を作ったら全く別の姿になる」という言葉を紹介した。地域銀行はこれまで、変化することで発生するレガシーコストがあまりに大きいことから、変化を嫌ってきた面がある。しかし、今やその天秤のバランスは変わり、負担しなければならないコストよりも転換することで享受できるメリットの方が大きいのではないか。地域銀行も一般の産業と同じ発想で経営を考える時代になったということである。

　本書では地域銀行は構造不況にあるとして議論をしてきた。その構造不況の根本的な要因は、結局のところ、従来の預貸ビジネスモデルが時代の要請に合わなくなったということに尽きる。高齢社会が進展するなか、個人金融資産は1900兆円を超えている。地域銀行の機能は人々の生活のなかでの「必需品」である。預金や貸出といった単品だけでなく、地域の人々の身近なニーズに寄り添い、デジタル技術も駆使していかに満足度の高いサービスを提供できるかが問われている。

　かねて経済成長の原動力としてのイノベーションの重要性を指摘されている東京大学名誉教授の吉川洋氏（現・立正大学経済学部教授）は、「人口減少や高齢化で国内市場がダメだと言っていてはいけない。新しいものを生み出すチャンスに溢れている」と主張している。地域の高齢化を逆にチャンスととらえ、成長へのエンジンとする。「高齢社会は宝の山」という吉川教授の言葉は地域銀行にとってこそ当てはまるのではないだろうか。

　現在、日本経済はコロナショックに見舞われ、特に地域銀行の取引先の中心である「コロナ7業種」は危機的状況に追い込まれている。一方で、地域銀行を巡る金融行政も大きな変革期に差し掛かっている。

　そうしたなかで、現時点の一断面をとらえ地域銀行の今後の姿を考えることは、かなりチャレンジングな作業だった。ただあえてこのタイミングで本書を

世に問うことにしたのは、単に地域銀行が構造不況にあると傍観者的に指摘するのではなく、大きな変革のチャンスが地域銀行に到来したことを訴えたかったからである。コロナショックで大きな影響を受けた企業を再生する際にも投資銀行的な発想は不可欠であり、「脱銀行」に向けて絶好の機会が到来したと考えることもできる。コロナショックで通常の平時ではありえないような再生案件の出物が生じる局面だ。それを困ったことと捉えるか、それとも、またとないチャンスと捉えるかは各地域銀行の姿勢次第である。

　本書で議論した2020年代半ばまでの集中改革期間を終えたころには地域銀行の姿は今とは全く異なっているかもしれない。興銀本店だった武骨な「軍艦ビル」が今やおしゃれなビルに建て替わったように、「銀行」の形態、あり様は時代とともに変わるということを受け入れなければならない。そして地域を支えるエコシステムの中心に地域銀行が立ち、地域の改革の求心力になることが期待される。

　人材にしても顧客基盤にしても地域銀行の潜在能力はきわめて高い。規制産業であるとの宿命にとらわれず、自らがビジネスを創造していくとの気概と矜持を示すことを期待したい。

2021年2月

高田　創

高田 創
（たかた はじめ）

1958年生まれ。1982年3月東京大学経済学部を卒業、日本興業銀行（現 みずほ銀行）に入行。1986年オックスフォード大学開発経済学修士課程を修了。みずほ証券市場調査本部統括部長、執行役員、チーフストラテジストなどを経て、2019年みずほ総合研究所副理事長。2020年岡三証券グローバル・リサーチ・センター理事長に就任。『銀行の戦略転換』東洋経済新報社（共著）、『これだけは知っておきたい国際金融』金融財政事情研究会、『2020年 消える金融』日本経済新聞出版社（共著）、『シナリオ分析 異次元緩和脱出』日本経済新聞出版社（編著）など著書多数。

地銀 構造不況からの脱出 「脱銀行」への道筋

2021年3月22日　第1刷発行
2021年3月30日　第2刷発行
2021年6月22日　第3刷発行

著　　者　高田 創
発 行 者　加藤一浩

発 行 所　株式会社きんざい
　　　　　〒160－8520 東京都新宿区南元町19
　　　　　電話　（編集）03-3355-1770　（販売）03-3358-2891
　　　　　https://www.kinzai.jp/

校正：小野澤多惠子　デザイン：藤井康正［Fujii Graphics］　印刷所：株式会社光邦

ISBN978-4-322-13857-3